77mal Dankbarkeit

Weil das Leben kostbar ist

Rainer
Haak

1. Wie damals

Besuch von meiner Tante

Zum ersten Mal seit langer Zeit stand ich wieder vor
der alten Kastanie hinter dem Gutshaus. Sofort dachte
ich an Sophie, mit der ich hier vor gefühlten 100 Jahren
die glänzenden, braunen Früchte gesammelt habe. Am
liebsten hatte ich die grünen Stachelverpackungen,
denn in ihnen blieben sie länger glänzend als die »un-
verpackten«.

Sophie war meine Lieblingstante, und sie war sich
nie zu fein gewesen, mit mir Kastanien, Eicheln,
Bucheckern und Tannenzapfen zu sammeln oder
über Zäune und Hecken zu klettern. Schon lange vorher hatte ich mich auf ihre Besuche gefreut. Diese
Vorfreude spürte ich hier an der alten Kastanie fast so
wie damals. Es war noch alles da. Leise summte ich
»unser« Herbstlied, das uns auf den Expeditionen in
die Wildnis hinter unserem Dorf begleitet hatte.

Das Haus des Freundes

Zufällig kam ich wieder einmal an dem Haus vorbei.
Dort hatte er bis vor ein paar Jahren gewohnt. Ich hielt
an. Es war natürlich ein wenig älter geworden, auch
wenn man ihm das kaum ansah. Der Zaun war frisch
gestrichen, die Pforte war neu. Wie oft hatte ich ihn

hier besucht! Und durch diese Besuche war es für mich zu einem besonderen Haus geworden. Wie ein Hund, der mich kennt, begeistert mit dem Schwanz wedelt, schien auch das Haus mich freudig zu begrüßen. Irgendwie war es auch »mein« Haus geworden.

Wie bei meiner Großmutter

Wir saßen um einen großen Tisch. Die Teller und Gläser standen bereit. Die Kartoffeln und das Gemüse ebenfalls. Da brachte die Frau des Hauses einen großen Topf mit Fleisch herein. Es duftete nach früher. Als die Roulade auf meinem Teller lag, strahlte ich, auch so wie früher. Ich sah meine Großmutter, wie sie mit ihrer gestreiften Schürze aus der Küche kam und mich fragte: »Na, schmeckt es dir?« Und ich nickte nur mehrmals, weil ich den Mund voll hatte.

Ich stand ergriffen auf. »Ihre Rouladen sind wunderbar. Genauso wunderbar wie damals bei meiner Großmutter.«

Der begeisterte Sänger

Ich war zu einem Konzert in der kleinen Kirche eingeladen. Ein junger Mann trat aus dem Chor heraus und sang ein schlichtes, schönes Lied. Ich habe es sofort wiedererkannt. Es war das Lieblingslied unseres Nachbarn. Er hat es im Haus gesungen, im Garten und auch

einmal in der Kirche. Seine Frau war dann immer ganz stolz. Einmal blickte sie zu mir und fragte strahlend: »Singt er nicht genauso schön wie Caruso?« Ich nickte, obwohl ich keine Ahnung hatte, wer oder was Caruso war.

Manchmal sehe ich plötzlich wunderbare Menschen vor mir, obwohl sie längst nicht mehr unter uns sind. Ein alter Baum, ein Haus, ein Essen, ein Lied, ich schließe die Augen und spüre eine tiefe Dankbarkeit dafür, dass ich diesen Menschen damals begegnen durfte.

2. Freude am Abenteuer

Ein bisschen mulmig war mir schon zumute, als wir im März auf dem Gelände des Abenteuerlagers in Schweden ankamen. Wir waren etwa 15 Männer und stapften schweigend durch den Schnee zu der alten, rot gestrichenen Holzhütte, mitten in der Wildnis. Der See, der im Sommer oft blau durch die Büsche leuchtete, lag erstarrt da wie unter einer weißen Decke.

Wir hatten uns vorgenommen, in der nächsten Woche den Wald zu durchforsten und – unser wichtigstes Ziel – Bäume zu fällen. Ein Fachmann stand uns zur Seite, damit wir auch alles richtig machten und nicht in Gefahr gerieten.

Die meisten von uns hatten keine Erfahrung mit Waldarbeit. Aber wir waren bereit zu lernen. Und wir freuten uns auf ein Abenteuer der besonderen Art.

Um die Sache noch etwas schwerer zu machen, hatten wir uns gegen Motorsägen entschieden. Wir hatten Werkzeug dabei, wie es auch vor hundert Jahren verwendet wurde. Mit Axt und Säge fühlten wir uns gleich wie echte Kerle. Im Haus gab es kein fließendes Wasser. Draußen entdeckten wir Elch- und Rehspuren. Ich fühlte mich wie ein Abenteurer aus einem der Bücher von Jack London.

Die nächsten Tage verbrachten wir überwiegend im Wald. Wir lernten, wie man die Axt richtig ansetzt, die Fallrichtung des Baumes erkennt und wie man mit der Säge arbeitet. Schon bald begannen unsere Hände und unsere Rücken zu schmerzen. Aber wir ließen uns nichts anmerken.

Auch das Mittagessen fand draußen statt. Da standen wir wie echte Baumfäller oder wie Ranger in Kanada lässig im Schnee und freuten uns über den heißen Eintopf.

Jeden Abend saßen wir gemeinsam in der Hütte, tauschten uns über den Tag aus und erzählten uns von den großen und kleinen Abenteuern, die wir als Kinder erlebt hatten, draußen am Fluss oder im Park. Und wir redeten über unser erwachsenes Leben als Polizist, Verkäufer oder Lehrer. Bei uns allen war der Jugendtraum vom großen Abenteuer immer noch lebendig.

Jeden Morgen zogen wir durch den Schnee hinunter an den See zur alten Fischerhütte. Das war eigentlich nur ein Unterstand, der zum See hin offen war und der sicher auch schon vor hundert Jahren genutzt wurde. Dort sangen wir ein Lied. Jemand sprach ein Gebet. Meistens schwiegen wir. Wir schauten zu, wie die Sonne langsam aufging. Unser Atem wurde zu kleinen Wolken, die sich vor die Sonne legten. Wir staunten und waren glücklich.

Wie gut, dass es in meinem Leben immer wieder die Möglichkeit gibt, zum Abenteurer zu werden. Auch wenn ich seit den Tagen in Schweden nie wieder Bäume gefällt habe. Aber ich freue mich auf neue Herausforderungen, auf Überraschungen und glückliches Staunen. Danke für meine Abenteuerfreude.

3. So lebendig

Seit ein paar Monaten wohnte Waltraut in einem komfortablen Seniorenheim. Es lag sehr idyllisch weit außerhalb der Stadt. Waltraut genoss die Ruhe und den Frieden dort. Die nächste Ortschaft und die nächste größere Straße waren weit genug entfernt. Wenn Waltraut Besuch bekam, waren stets alle von ihrem neuen Zuhause begeistert und gratulierten ihr zu ihrer Wahl: »Diese Stille! Du hast es wirklich gut getroffen!« oder »Meine Liebe, wie ich dich um die Ruhe hier beneide! Das ist ja wie im Paradies!«

Zum Glück war Waltraut noch recht mobil und unternehmungslustig. Eines Tages machte sie sich auf den Weg zu einer alten Freundin, die mitten in der Stadt wohnte. Dort ganz in der Nähe hatte Waltraut früher selbst gelebt.

Die Freundin hatte den Tisch schön gedeckt und war sehr aufgeregt, Waltraut wiederzusehen. »Wie ich mich über deinen Besuch freue! Schön, dass du den Weg von deinem neuen Paradies hier zu mir in die laute Stadt gefunden hast!«

Bei einem guten Kaffee und dem Traum von einem Apfelkuchen tauschten die beiden bald alte Erinnerungen aus. Schließlich bat Waltraut die Freundin: »Jetzt erzähl mir doch, wie es dir geht und was du so machst!«

Die Miene der Freundin verfinsterte sich. »Na, wie soll es mir schon gehen? Weshalb habe ich wohl das Fenster geschlossen? Was meinst du, was für ein Lärm draußen auf der Straße herrscht? Du hättest mal heute Morgen hier sein müssen. Wenn die Kinder zur Schule gehen, ist ihr Geschrei kaum auszuhalten. Und hörst du das Klavier von nebenan?«

Waltraut lauschte. »O ja, jetzt höre ich es auch. Wie wunderbar!«

»Wunderbar? So geht es manchmal eine halbe Stunde oder länger. Immer wieder dieselbe Stelle und derselbe falsche Ton. Das ist nicht auszuhalten!«

In diesem Moment klingelte es an der Wohnungstür. Die Freundin entschuldigte sich, ging in den Flur und öffnete die Tür. »Herzlichen Dank, dass Sie das Paket für mich angenommen haben. Ich muss gleich wieder rüber zu meiner Kleinen.«

Die Freundin kam entnervt zurück. »Jetzt hast du es selbst erlebt. So geht das den ganzen Tag. Immer ist hier irgendetwas los. Du hast bestimmt schon wieder Sehnsucht nach deinem Paradies.« Plötzlich stutzte sie. »Ist etwas mit dir? Waltraut, was hast du?«

Waltraut hatte Tränen in den Augen. Sie musste mehrmals kräftig schlucken, bevor sie etwas sagen konnte. »Oh, wie ich das vermisst habe, das Leben! Das wunderbare, lebendige und völlig verrückte Leben!«

4. Ein dankbares Herz

Wenn du das bekommst,
was du brauchst –
nimm es mit dankbarem Herzen.

Wenn du das erreichst,
wonach du strebst –
tu es mit dankbarem Herzen.

Wenn du das findest,
wonach du suchst –
freu dich mit dankbarem Herzen.

Wenn du mehr bekommst,
als du brauchst –
nimm es mit dankbarem Herzen.

Wenn du mehr erreichst,
als du erreichen wolltest –
tu es mit dankbarem Herzen.

Wenn du mehr findest,
als du erhofft hast –
freu dich mit dankbarem Herzen.

Wenn du teilst,
was du hast –
warum tust du das?
Frag dein Herz.

5. Gute Laune

Marion stand fröhlich summend an der Käsetheke des Supermarktes und wartete darauf, bedient zu werden. Plötzlich entdeckte sie hinter sich in der Schlange ein bekanntes Gesicht. Sie hatte Sabine vor Jahren im Sportstudio kennengelernt und sie seitdem immer wieder einmal irgendwo in der Stadt getroffen.

Augenblicke später standen sie nebeneinander vor dem Kaffeeregal und erzählten. »Wie geht es dir?«, fragte Marion und blickte Sabine gespannt an. »Du siehst gestresst aus.«

Sabine schüttelte kurz den Kopf, als würde ihr die Frage nicht gefallen. »Na ja, was soll ich sagen? Ich bin seit Monaten immer wieder erkältet. Irgendein langwieriger Infekt. Wenn ich meine, ich habe es überwunden, geht es schon wieder von vorne los. Aber ich habe ja selber Schuld!«

Marion fragte nicht weiter nach, um welche Schuld es da ging. Wahrscheinlich meinte Sabine den täglichen Stress. Und sicher nahm sie sich nicht die Zeit, die Krankheit auszukurieren und mal etwas kürzerzutreten.

Sabine sah blass aus. Sie versuchte zu lächeln. »Und du, wie geht es dir? Erzähl doch mal!«

Marion erzählte begeistert von ihren Plänen, von der Lust auf Neues, von der Freude an ihrem Beruf

und von ihrer Familie. Ihre Fröhlichkeit wirkte ansteckend. Sabine lächelte jetzt auch ein wenig. »Das hört sich ja toll an. Wie machst du das nur?«

Bevor sich beide wieder ihren Einkäufen widmeten, sagte Sabine noch: »Lass uns nächste Woche zusammen Kaffee trinken. Am Samstagnachmittag um vier, einverstanden?«

Marion nickte zustimmend und wünschte Sabine gute Besserung. Sie summte wieder, als sie am Gemüsestand eine Paprika in die Hand nahm. Sie dachte immer noch an die Einladung. Ihr war wieder einmal deutlich geworden, dass gute Laune meistens anziehend wirkt.

Ich bin dankbar für die gute Laune meiner Mitmenschen und lasse mich gern von ihr anstecken.

6. Ein positives Lebensmotto

Oft erzählen mir Menschen, dass sie ein persönliches Lebensmotto haben, welches sie schon lange begleitet. »Egal, was kommt, gib niemals auf!« könnte so ein Motto sein, oder: »Wertvoll bin ich, wie ich bin.« Es kann sich dabei um einen Bibelvers handeln, um ein bekanntes Zitat, ein kurzes Gedicht oder sogar ein selbst formuliertes Motto. In jedem Fall sind sie davon überzeugt, dass ihnen dieser Spruch guttut und dass er ihr Leben bereichert.

Manche haben so ein Lebensmotto oder einen Lieblingsspruch schon seit vielen Jahren, andere erst seit dem vergangenen Jahreswechsel, als sie wieder einmal nach einem guten Vorsatz suchten. Bei einigen hängt der Spruch eingerahmt im Wohnzimmer, andere rufen ihn sich jeden Morgen neu ins Gedächtnis.

Der populäre amerikanische Präsident Abraham Lincoln (1809 bis 1865) hat seinen Lieblingsspruch schon im Alter von zwölf Jahren entdeckt. Er begleitete ihn durch seine Jugend, sein Erwachsenenleben und seine Präsidentschaft. Der Spruch lautet:

> *Die Menschen murren,*
> *weil keine Rose ohne Dornen wächst.*
> *Warum danken sie eigentlich nicht dafür,*

dass Gott auf dornigen Stängeln
so schöne Rosen wachsen lässt?

Als er bereits Präsident war, erzählte er in einem Interview: Dieser Satz habe ihm geholfen, durch Dankbarkeit ein glücklicher, innerlich reicher Mensch zu werden.

7. Fünfmal danke

Vor ein paar Jahren trat das Thema »Dankbarkeit« mit großen Schritten in mein Leben. Warum? Ich hörte damals immer wieder, auf welch positive Weise Dankbarkeit ein Leben verändern kann. Viele erzählten mir von dieser Veränderung und davon, dass sie früher vor allem das Negative gesehen hatten. Sie erzählten, wie sie ständig geklagt und gejammert hatten, bis – ja, bis sie die Dankbarkeit entdeckt hatten. Jemand sagte mir: »Da wurde mir ein neuer Blickwinkel geschenkt. Und stell dir vor, alles wurde anders.«

Ich war von diesen Berichten fasziniert, blieb aber zugleich skeptisch. Deshalb entschied ich mich, es einmal selbst auszuprobieren. Aber wie sollte mein Selbstversuch aussehen? Ich entschied mich für »fünfmal danke«. An jedem Abend vor dem Schlafengehen, so nahm ich mir vor, wollte ich für fünf Dinge, fünf Ereignisse oder Erfahrungen danken. Und das wollte ich sechs Wochen lang tun.

Mein Selbstversuch begann. An den ersten Abenden war mir das Ganze noch sehr fremd. Immer wieder kamen mir Erlebnisse in den Sinn, mit denen ich unzufrieden war oder über die ich mich ärgerte. Dann schüttelte ich den Kopf und sagte leise zu mir: »Ich wollte nicht klagen, ich wollte doch danken.«

Aber es ging voran. Von Tag zu Tag gelang es mir besser, mich auf die positiven Dinge zu konzentrieren. Bald staunte ich, wie viele Gründe ich an jedem Abend fand, dankbar zu sein. Kein einziges Mal war ich bereits bei drei oder vier am Ende.

Ich merkte deutlich, wie sich mein Blickwinkel veränderte. Nicht mehr die negativen Seiten und Eigenschaften meiner Mitmenschen standen im Fokus, sondern all die positiven, die ich früher so oft übersehen hatte. Diese neue Sichtweise nahm ich dann mit in den Alltag. Und bald hatte ich den Eindruck, die anderen hätten sich sehr zu ihrem Vorteil verändert, obwohl es sicherlich so war, dass ich und meine Einstellung zum Leben sich verändert hatten.

Mein neuer Blickwinkel ließ mich wunderbare Dinge entdecken, die ich vorher übersehen haben muss. Ich sah mehr von der Schönheit des Lebens, ich fand mehr Möglichkeiten als Hindernisse, mehr Geschenke als Probleme.

Nach sechs Wochen wollte ich meinen Selbstversuch eigentlich abbrechen. Doch ich hatte längst gespürt, wie sehr diese abendliche Übung mein Leben bereicherte. Es war bunter und fröhlicher, positiver und zuversichtlicher geworden.

Also habe ich einfach weitergemacht. Bis heute geht für mich kein Tag zu Ende, ohne dass ich für fünf Dinge Danke gesagt habe.

8. Dankbar für den Winter

Mögen Sie den Winter? Ich kenne etliche Menschen, die auf diese Frage mit Nein antworten und in der kalten Jahreszeit lieber in den Süden fliehen, dorthin, wo es wärmer ist als bei uns. Am liebsten würden sie erst wieder zurückkommen, wenn der Winter vorbei ist und die Temperaturen auch bei uns wieder steigen.

Andere dagegen lieben den Winter. Sie freuen sich über Frost und Schnee und sitzen abends gemütlich am Kamin, wenn es draußen friert. Sie mummeln sich in ihren wärmsten Mantel ein, setzen sich freiwillig der Kälte aus, unternehmen einen langen Spaziergang, bei dem ihnen fast die Nase einfriert, und freuen sich bei ihrer Rückkehr auf ein heißes Getränk. Sie nehmen sich Zeit für intensive Gespräche, lesen in aller Ruhe ein Buch und sortieren die Dinge, die im Sommer liegen geblieben sind. Sie sind dankbar für die Winterzeit. Ich kann sie gut verstehen.

Jedes Jahr meldet sich der Winter bei mir.
Die Kraft der hellen Jahreszeit hat mich verlassen.
Es ist nicht die Zeit zum Aufbrechen der Knospen,
zum Blühen und Reifen.
Auch die Zeit der Ernte ist vergangen.
Ich atme aus.

Ich lebe leise.
Ich horche genau hin.
Ich ziehe Bilanz
und bin erfüllt von Dankbarkeit.
Ich lerne vom Winterschlaf der Tiere.
Ich räume auf, um mich herum und in mir.
Ich lasse los.
Ich bin frei davon,
wachsen zu müssen um jeden Preis;
frei davon,
mich nach meinen Leistungen zu beurteilen
und beurteilen zu lassen.
Und noch etwas verdanke ich dem Winter:
die Vorfreude auf den Frühling!

Alles hat seine Zeit. Dafür bin ich dankbar.

9. Freundlich – einfach so!

In manchen großen Geschäften habe ich das Gefühl, mit »Freundlichkeit« überschüttet zu werden. Eine Verkäuferin schaut mich an und lächelt hinreißend. Ein Verkäufer kommt auf mich zu und fragt, was ich wünsche. Und ich muss gestehen: Meine Lust, hier etwas zu kaufen, steigt.

Nun wissen wir alle, dass es zu einer guten Verkaufsschulung gehört, gewisse Dinge zu trainieren: Seien Sie freundlich! Geben Sie jedem Kunden das Gefühl, etwas Besonderes zu sein! Halten Sie Blickkontakt! Machen Sie Komplimente! Seien Sie zuvorkommend! Bedanken Sie sich, auch wenn der Kunde nichts kauft!

Es tut mir gut, wenn mich jemand freundlich anspricht und mir zulächelt. Ich schätze es, auch wenn ich eigentlich weiß, dass es dabei vor allem um Verkaufspsychologie geht.

Vor einiger Zeit las ich den Bericht eines Pilgers, der auf dem Jakobsweg in Spanien unterwegs war. Ein besonders anstrengender Wegabschnitt führte parallel zur Autobahn bergauf. Die Lastwagenfahrer konnten den müden, ein wenig wankenden Pilger im Vorbeifahren beobachten.

Sie hupen. Und wieder. Und noch einmal. Die

Lastwagenfahrer wollten ihn aufmuntern und ihm Mut machen. Sie hupten und winkten ihm zu, als wollten sie rufen: »Du schaffst es! Du kommst ans Ziel!«

Was für ein kostbarer Moment! Da sind fremde Menschen, die anderen mit berührender Freundlichkeit begegnen. Einfach so!

Ich bin froh, dass es so eine »absichtslose Freundlichkeit« in unserer Gesellschaft immer noch und immer wieder gibt.

Jeden Tag erlebe ich Menschen, die anderen Gutes tun, ohne etwas verkaufen zu wollen oder dafür eine Gegenleistung zu erwarten. Ich beobachte Freundlichkeit, Respekt und große Hilfsbereitschaft. Ich sehe, wie Menschen anderen den Vortritt lassen, einfach so! Ich erfreue mich daran, dass Menschen anderen zulächeln, obwohl sie ihnen völlig fremd sind. Ich erlebe, wie für kurze Zeit ein kostbares Gemeinschaftsgefühl entsteht, ohne dass jemand so etwas geplant hat. Ich erlebe Freundlichkeit, einfach so!

10. Rennfahrer

Kürzlich kam ich im Café mit einer Frau ins Gespräch, die einen sehr selbstbewussten Eindruck machte und deren natürliches Lächeln mir sofort aufgefallen war. Schnell wechselten wir vom Wetter auf persönliche Themen. Ich fragte mich insgeheim, ob sie wohl in einer der Versicherungen oder Anwaltskanzleien hier im Viertel arbeitete. Doch nein, das erschien mir unwahrscheinlich. Sie machte eher den Eindruck, dass sie mehr an Menschen als an Zahlen oder Gesetzen interessiert war.

Irgendwann kamen wir darauf zu sprechen, wie schwer es für viele Jugendliche ist, sich schon früh in ihrem Leben für einen Beruf zu entscheiden. »Wie gut«, schwärmte sie, »wenn der Beruf zugleich Berufung ist.«

Jetzt konnte ich meine Neugier nicht mehr zügeln und fragte sie nach ihrem Beruf.

»Ich bin Hebamme hier im Krankenhaus. Und mein Beruf ist tatsächlich mein Traum und meine Berufung«, antwortete sie.

Darauf wäre ich nicht gekommen. Hebamme also! Bald entwickelte sich ein interessantes Gespräch über die Verantwortung und die Freude, Kindern auf die Welt zu helfen.

»Da muss es wohl ganz viele Kinder geben, die Sie in ihren ersten Stunden und Tagen kennengelernt haben«, warf ich ein. »Ist das auf Dauer nicht frustrierend, Neugeborene so intensiv zu erleben und dann aus den Augen zu verlieren? Sie wissen doch meistens gar nicht, was später aus ihnen wird.«

Sie lächelte und nickte mehrmals. »Ja, das habe ich mich auch irgendwann gefragt. Damals habe ich mich entschieden, mir die Kleinen schon jetzt als Erwachsene vorzustellen. In meiner Fantasie helfe ich seitdem mal einem Maler auf die Welt, mal einer Sängerin, einem Feinschmecker oder einer Seelsorgerin.«

Was für ein schöner Gedanke, kam es mir in den Sinn. Und wer weiß, ob sie in ihrer Fantasie nicht tatsächlich schon etwas von der Berufung ahnt, die das Kind erst viel, viel später entdeckt.

Zum Abschied fragte ich, ob sie denn in dieser Woche schon einem Kind auf die Welt geholfen habe. Ihr Lächeln wurde jetzt zu einem breiten, liebevollen Grinsen: »Ja, sogar zweien. Einem Rennfahrer und einer Gärtnerin.«

11. Die Augen öffnen

Es war wieder einmal nicht ihr Tag. Alles ging heute irgendwie schief. Lisa wurde in letzter Zeit immer unzufriedener mit ihrem Leben. »Was ist eigentlich mein Problem?«, fragte sie sich manchmal selbst. Sie war verheiratet, seit über dreißig Jahren. Eigentlich ganz glücklich verheiratet. Ihre beiden Kinder waren gesund. Die Tochter hatte ebenfalls geheiratet und war bereits selbst Mutter eines kleinen Jungen.

»Was fehlt mir denn?« Lisa dachte an ihre Arbeit. Sie war halbtags in einem Drogeriemarkt beschäftigt. Früher hatte sie davon geträumt, Künstlerin zu werden und Bilder zu malen. Aber daraus war nichts geworden. Der Job in der Drogerie war leider nicht besonders kreativ.

Zu Hause lief jeder Tag gleich ab. Sie frühstückte mit ihrem Mann, dann ging jeder seiner Wege. Er kam abends oft spät zurück. Manchmal tranken sie dann noch ein Glas Wein und sahen fern. Und an den Wochenenden waren sie meistens viel zu müde, um noch etwas Interessantes zu unternehmen.

Einmal in der Woche ging Lisa mit ihrer Nachbarin spazieren. Anke konnte schon damals, als sie sich kennengelernt hatten, nicht mehr gut sehen. Inzwischen hatte sie ihr Augenlicht fast völlig verloren. Sie konnte

nur noch Hell und Dunkel unterscheiden. So war Lisa mehr und mehr die Aufgabe zugewachsen, ihrer Nachbarin bei den gemeinsamen Spaziergängen zu erzählen, was unterwegs zu sehen war.

Wie gesagt, es war wieder einmal nicht ihr Tag. Am liebsten wäre Lisa heute zu Hause geblieben, statt sich mit Anke zu treffen. Aber sie war pflichtbewusst – und außerdem würde ihr die frische Luft jetzt bestimmt guttun.

Anke merkte sofort, dass es Lisa nicht gut ging. »Danke, dass du trotzdem mitkommst. Der Spaziergang mit dir ist immer ein Höhepunkt in meiner Woche.«

Es war ein angenehm warmer Frühlingstag. »Schön, dass die Sonne scheint«, sagte Anke fröhlich, »ich liebe die Sonne.«

Vor dem Haus des HNO-Arztes blieben sie stehen. Der Vorgarten war stets eine Pracht, auch heute. Lisa beschrieb, was sie sah: »Der Mohn hat wunderschöne, weit geöffnete Blüten. Was für ein Rot! Ein paar Maiglöckchen sehe ich. Und ganz unterschiedliche Farben haben die Pfingstrosen. Das ist ein wahrer Farbrausch!«

Anke nahm die Schilderungen lächelnd auf. »Ich kann es mir bildhaft vorstellen. Das ist so schön!«

Augenblicke später grüßte Lisa eine Person, die an ihnen vorbeiging. »Wer war das? Die Schritte hörten sich nach einer jungen Frau an«, fragte Anke.

Lisa staunte. »Du hast recht. Es war die Tochter der neuen Nachbarn, oben an der Ecke. Sie trägt einen dunklen Pferdeschwanz und scheint ziemlich selbstbewusst zu sein.«

Nach ein paar Minuten hielten die beiden wieder an. »Kannst du dich erinnern, dass vor zwei oder drei Jahren die alte Kastanie an der Straße gefällt werden musste? Die neu gepflanzte kleine Nachfolgerin blüht dieses Jahr schon sehr schön. Sie hat rote Blüten, keine weißen wie die alte.«

Anke genoss die bildhaften Schilderungen ihrer Begleiterin. Als sie wieder vor ihrem Haus ankamen, bedankte sie sich – lachend und mit einer Träne im Auge. »Ein bisschen beneide ich dich ja, dass du all das Schöne sehen kannst. Etwas davon konnte ich dank deiner Hilfe in meiner inneren Galerie speichern.«

Als Lisas Mann nach Hause kam, fragte er sie: »Na, geht es dir besser als heute Morgen? Du lächelst so befreit.«

Lisa umarmte ihn. »Mir geht es gut, sehr gut sogar. Stell dir vor, unsere Nachbarin hat mir gezeigt, wie schön das Leben ist.«

12. Kostbare Schätze

Der alte Pfarrer lebte schon seit mehreren Jahren im Ruhestand. Trotzdem führte er immer noch regelmäßig Besuchergruppen durch »seine« Kirche. Stolz erklärte er an einem Samstag im Juni wieder einmal einigen Besuchern die unterschiedlichen Motive an der alten, geschnitzten Kanzel. Zu jeder Einzelheit wusste er etwas Wissenswertes und Interessantes zu berichten.

Dann lenkte er die Aufmerksamkeit auf den Altar. Besonders die ungewöhnliche Darstellung der Gottesmutter Maria wurde von allen bestaunt. Anschließend ging er ein paar Schritte hinüber zum Taufstein, der noch aus dem Mittelalter stammt.

Schließlich sprach der Pfarrer noch sehr geheimnisvoll von besonderen Schätzen, die er jetzt leider nicht zeigen könne. Etliche aus der Gruppe baten ihn, mehr davon zu erzählen: »Gibt es eine geheime Schatzkammer? Oder eine Krypta mit wertvollen Reliquien?«, waren nur einige der Fragen. Alle versuchten, so dicht wie möglich bei ihm zu stehen, um auch ja kein Wort zu verpassen.

Der alte Pfarrer lächelte vielsagend, dann sprach er mit fester Stimme: »Ich will Ihnen gern etwas verraten.« Er holte tief Luft. »Der größte Schatz der Kirche

sind all die müden, hoffnungsvollen, gebeugten, fröhlichen und treuen Christen, die sich regelmäßig hier zum Gottesdienst oder zur Andacht versammeln.«

Wie gut, wenn es die Menschen sind, die den Reichtum einer Kirche ausmachen, den Reichtum einer Familie, einer Firma oder einer Gesellschaft! Wie gut, wenn nicht der Kontostand oder die Immobilien oder die Kunstwerke am meisten zählen, sondern liebevolle, engagierte Menschen! Wie gut, wenn es Organisationen und Gemeinschaften gibt, in denen der Mensch im Mittelpunkt steht und wichtiger ist als sämtliche Paragrafen und Vorschriften!

13. Auf den Punkt gebracht

Ich liebe gute Gedichte. Ich freue mich, wenn ich berührt werde durch einige wenige Worte, die besonders sorgsam gewählt wurden. Gute Gedichte sind keine Plappergedichte, sondern wahre Kunstwerke.

Eine jüngere Frau, vielleicht Anfang dreißig, öffnete einmal für mich ihr privates Gedichtbuch. Nein, sie hatte die Gedichte nicht selbst verfasst, sie hatte sie ausgewählt und sorgsam in ihr Buch geschrieben. Es war schön zu sehen, mit wie viel Liebe, Respekt und Sachverstand sie die Gedichte zu Papier gebracht hatte. »Ab und zu kommt ein neues Gedicht hinzu«, sagte sie augenzwinkernd. »Es sind alte Gedichte und neue. Und jedes lerne ich auswendig.« Inzwischen konnte sie das ganze Buch auswendig, »by heart«, wie es die englische Sprache so schön ausdrückt. Gute Gedichte gehen eben nicht nur in den Kopf, sondern oft direkt ins Herz.

Eines der Gedichte war das folgende:

> *Aufsteigt der Strahl und fallend gießt*
> *er voll der Marmorschale Rund,*
> *die, sich verschleiernd, überfließt*
> *in einer zweiten Schale Grund;*
> *die zweite gibt, sie wird zu reich,*
> *der dritten wallend ihre Flut,*
> *und jede nimmt und gibt zugleich*
> *und strömt und ruht.*

Dieses Gedicht mit dem Titel »Der römische Brunnen« hat der Schweizer Dichter Conrad Ferdinand Meyer (1825 bis 1898) geschrieben. Es verrät beim ersten Lesen längst nicht alles. Ich sehe vor mir einen Brunnen mit drei übereinander angeordneten Schalen, die jeweils untere ist größer als die obere. Das Wasser fließt von einer Schale in die darunter gelegene.

Die letzten beiden Zeilen geben mir eine Interpretationshilfe. Das Leben ist ein Nehmen und Geben, ist Bewegung und Ruhe. Und schon fühle ich mich angesprochen: Woher nehme ich? Wem gebe ich?

Ein gutes Gedicht schließt sich erst mit der Zeit weiter auf. Es öffnet Bilder tief in mir – wenn ich bereit bin zu suchen und auszuhalten, dass ich nicht gleich alles verstehe. Und manchmal fasziniert mich ein Gedicht, obwohl ich den Eindruck habe, gar nichts zu verstehen.

Conrad Ferdinand Meyer verfasste von seinem Gedicht im Laufe der Jahre sieben verschiedene Versionen. Alles Überflüssige sollte verschwinden, bis es schließlich die obige Form erhielt. Er hat es auf den Punkt gebracht.

Die junge Frau machte ihr privates Gedichtbuch wieder zu. Sie strahlte mich an: »Was für ein Reichtum, meine kleine Sammlung von Gedichten, die mir allesamt ans Herz gewachsen sind!«

14. Wem kann ich danken?

Ich kenne Gustav seit vielen Jahren. Wer kennt ihn nicht hier in unserer Stadt? In seinem Leben hat er einige Höhen, aber auch viele schreckliche Tiefen erlebt. Einige Jahre lang war er obdachlos und lebte auf der Straße. Trotzdem, oder gerade deshalb, hat er ein großes Herz und ist zu seinen Mitmenschen freundlich – und nur ab und zu ein wenig brummig.

Ich schätze ihn sehr und unterhalte mich gern mit ihm. Gustav hat viel Lebenserfahrung und ist sehr direkt. Das mag ich. Wenn wir uns sehen, fragt er meistens zuerst: »Na, was haben Sie wieder Neues geschrieben? Wo sind Sie gerade dran?« So kam ich eines Tages auf mein derzeitiges Lieblingsthema zu sprechen: »Ich habe gerade ein wunderbares Thema. Und zwar die Dankbarkeit.«

Die Skepsis war ihm ins Gesicht geschrieben. »So, Dankbarkeit also.« Ich überlegte, wie ich ihm das Thema schmackhaft machen könnte. Da gerade die Sonne vom Himmel strahlte, sagte ich lächelnd: »Wir können zum Beispiel dafür danken, dass wir den Sonnenschein genießen dürfen.«

Er blickte mich ein wenig neidisch an, so hatte ich den Eindruck. Dann sagte er mit fester Stimme: »Ich kann nicht für die Sonne dankbar sein. Überhaupt nicht. Auch nicht für mein Leben oder für meine gute

Laune.« Er blickte mich provozierend an. »Dann müsste es ja jemanden geben, dem ich danken kann.«

Seine Augen blitzten. Er war bei seinem Lieblingsthema angekommen. Und ihm war klar, dass er da anderer Meinung war als ich. »Ich bin eben nicht gläubig«, erklärte er, »deshalb kann ich auch nicht danken. Der Himmel ist leer. Deshalb ist da oben auch kein Ansprechpartner für mich. Eigentlich schade!«

Ich dachte nach. Ja, mein Glaube machte es mir wohl leichter, meine Dankbarkeit auszudrücken. Zum Beispiel für die Sonne und die Farben und die Blumen. Deshalb liebe ich Dankgebete. Aber natürlich gibt es tausend Gründe, auch meinen Mitmenschen zu danken. Ich blinzelte Gustav zu. »Danke, dass Sie immer so offen Ihre Meinung sagen. Und danke für unsere guten Gespräche. Ich freue mich schon auf das nächste Mal.«

Jetzt blitzten seine Augen wieder. »Na ja, da haben Sie wohl recht. Und schönen Dank noch!«

15. Meine Träume

Kein Mensch kann leben ohne Hoffnungen, ohne Wünsche und Träume. Deshalb bin ich dankbar dafür, dass wir träumen können.

In der Kindheit hatten viele von uns Träume, über die wir heute schmunzeln müssen und an die wir uns trotzdem gern erinnern. Da war der Traum, eine strahlende Prinzessin zu werden oder ein wilder Seeräuber, ein wagemutiger Weltraumfahrer oder ein wunderschöner Filmstar. Auch wenn sie nicht in Erfüllung gingen – es waren wunderbare Träume.

Ein paar Jahre später waren es wahrscheinlich immer noch sehr große Träume. Wir träumten davon, später auf der großen Bühne zu stehen und dort zu singen oder zu musizieren. Wir träumten, schon bald die erste Million zu verdienen, die Traumfrau oder den Traummann zu heiraten, bei der Olympiade eine Goldmedaille zu gewinnen oder gleich die ganze Welt zu retten. Auch diese Träume sind irgendwann zerplatzt wie Seifenblasen. Aber es waren unsere Jugendträume, und was wäre ein Leben ohne Träume?

Träumen wir heute immer noch? Hoffentlich! Schließlich haben wir ja bereits viele Jahre lang »geübt«. Doch die Träume haben sich verändert. Und das war auch höchste Zeit!

Vielleicht stellen sich ja jetzt die »kleinen« Träume als die wirklich großen heraus. Da ist der Traum, endlich den Mut aufzubringen, auch unsere andere Seite zu leben und zu zeigen – schräg, begeistert, mutig, zärtlich. Oder der Traum, dass unsere Ehe nach langer Frostperiode aus der Winterstarre erwacht. Vielleicht auch der Traum, dass wir unsere Augen für die vielen Wunder des Lebens öffnen. Oder der Traum, dass wir endlich von der Couch aufstehen, in den nächtlichen Himmel schauen und plötzlich die Sterne in unserem eigenen Leben leuchten sehen.

Ist es nicht wunderbar, dass wir immer noch oder immer wieder neu träumen können? Es ist Zeit, dass sich einige Träume erfüllen.

16. Zwischen Feuer und Eis

Die ultimative Wohlfühltemperatur ist 21 Grad. Oder doch lieber zwei Grad wärmer? Und dann gemütlich auf dem Sofa sitzen und einen Film sehen? Oder doch lieber am schön gedeckten Tisch, ein leckeres Essen, guter Wein – und interessante Gespräche?

21 Grad, das lieben wir. Nicht zu warm und nicht zu kalt. Gerade richtig temperiert, damit wir uns wohlfühlen können. So wie draußen im Park an milden Frühlingstagen. Oder genau dann, wenn der Spätsommer langsam zum Herbst wird. Aber bitte ohne Herbststurm, der kann warten!

Vielleicht gelingt es in unserer Wohnung, die Wohlfühltemperatur zu halten. 21 Grad. Na gut, eine Bandbreite von 20 bis 23 Grad ist auch in Ordnung.

Aber draußen sieht es anders aus. Da gibt es alles vom knackigen Frost bis zu Temperaturen, die uns an den letzten Besuch in der Sauna erinnern. Dort gibt es Windstille, so wie in unserer Wohnung, aber auch Sturm bis zur Orkanstärke, es gibt Regen, Hagel und Schnee. Wie sieht es dann mit dem Wohlfühlen aus?

Manchmal frage ich mich, warum wir immer noch so herrlich lebendig und lebensfroh sind. Ich bin sicher: Ganz bestimmt nicht wegen der Wohlfühltemperatur!

21 Grad, das hat nichts mit Lebenslust und Beweglichkeit zu tun, sondern eher mit Gemütlichkeit – und manchmal auch mit Erstarrung!

Ich bin froh, dass es Hitze und Kälte gibt. Ich bin froh über sonnige Stunden sowie über Regen, Sturm und Gewitter. Ich bin froh über den Rhythmus von Sommer und Winter. Allein der Gedanke daran zaubert mir ein glückliches und ein wenig verwegenes Lächeln ins Gesicht.

Ich erinnere mich an anstrengende Wanderungen bei eiskaltem Wind durch den Schnee – oben in den Bergen oder hoch im Norden in Skandinavien. Warum ich mir das »angetan« habe? Weil ich mich da lebendiger gefühlt habe als auf dem gemütlichsten Sofa, auf dem ich jemals gesessen habe.

Ich erinnere mich an heiße Tage, an denen ich über die kleinste Abkühlung gejubelt habe. Ich erinnere mich an lauwarme Abende, an denen mir die Sterne am Himmel ganz nah waren, und an Tage, die mit Eiskratzen und Schneeräumen begannen. Mal so, mal so und immer wieder anders. Tatsächlich, das Leben kann so schön und so aufregend sein!

17. Ins Wasser gefallen

Vor einigen Jahren sind wir mit unseren Kindern im Sommer an die Ostküste Schwedens gefahren. Wir hatten dort ein kleines Ferienhaus gemietet. Eines Tages machten wir einen Ausflug zu den »Felsen«, wie wir den romantischen Küstenabschnitt hinter einem ausgedehnten Kiefernwald bezeichneten. Wir hatten ein fantastisches Picknick vorbereitet, und auch das Wetter spielte anfangs mit.

Vom Parkplatz aus zogen wir los, mit Spielgeräten, Decken und dem Picknickkorb. Nach einer halben Stunde hatten wir eine Bank an den Felsen erreicht – mit einem traumhaften Blick auf die Ostsee. Doch wir hatten gar nicht mitbekommen, dass inzwischen dunkle Wolken aufgezogen waren. Plötzlich begann es zu regnen. Der Himmel war schnell fast schwarz. Wie schade, sagten wir, jetzt fällt unser tolles Picknick ins Wasser!

Was sollten wir tun? Keine Hütte, kein Unterstand war zu sehen. Der Regen wurde immer stärker. Bald klebte uns die Kleidung klitschnass am Körper. Wir hatten aber auch ein Pech!

Da rief eines unserer beiden Kinder: »Jetzt machen wir einen Regentanz!« Wir schauten uns verdutzt an, dann lächelten die Kinder, und los ging ein wilder Tanz mit

Wasser vor uns, über uns und auf unserer Haut. Wir Eltern schlossen uns an, zuerst etwas unbeholfen, ein wenig trotzig wohl auch gegenüber der herunterprasselnden Naturgewalt, aber schließlich immer lockerer, lebendiger und ausgelassener. So patschten wir eine halbe, wunderbare Ewigkeit durch die Pfützen auf den Felsen und reckten unsere Arme dem Himmel und dem Regen entgegen.

Gerade als wir den Regentanz fast bis zur Perfektion entwickelt hatten, zeigte er eine unerwartete Wirkung: Der Regen hörte auf, die Wolken verzogen sich, die Sonne kam wieder hervor – und wir streckten uns ihren wärmenden Strahlen entgegen, bis wir wieder einigermaßen trocken waren.

Zum Glück hatte jemand den Picknickkorb unter die Bank gestellt, auf den einzigen regensicheren Platz weit und breit. Und schon begann ein unvergessliches Festessen auf den Felsen am Wasser.

Noch heute leuchten unsere Augen, wenn wir von dem Picknick erzählen, das trotz Regens nicht ins Wasser gefallen war.

18. Feinschmecker

Jeder Mensch muss regelmäßig essen. Sonst würde er irgendwann verhungern. In einigen Teilen der Welt wissen Menschen tatsächlich nicht, wie sie satt werden können. Das ist eine Herausforderung nicht nur für die Hungernden, sondern auch für die »Weltgemeinschaft«.

Zum Glück muss bei uns niemand verhungern. Für uns besteht die Herausforderung eher darin, nicht zu viel zu essen und vor allem: gesund zu essen.

Ich mag Feinschmecker. Das sind Menschen, die gutes Essen zu schätzen wissen. Nein, ich meine nicht jene, die kein Maß kennen und immer mehr und immer exquisiter essen müssen. Ich meine auch nicht jene, die eine Mahlzeit nach dem Preis und ein Restaurant nach der Zahl seiner Sterne beurteilen. Ich meine die Feinschmecker, die vor allem das Einfache zu schätzen wissen.

Ich mag Feinschmecker, die die Kunst der Beschränkung beherrschen. Sie können sich ein Stück Kartoffel auf der Zunge zergehen lassen, dazu etwas Butter oder Kräuterquark – mehr ist nicht nötig.

Kürzlich lernte ich einen dieser besonderen Feinschmecker kennen. Er erzählte mir von dem Garten seiner

Großmutter. Dort durfte er schon als Kind regelmäßig helfen. Er hat gepflanzt, gehackt und geerntet, Tomaten, Bohnen und Lauch. Er hatte Erde unter den Fingernägeln und war glücklich. Noch heute rieche er die Kräuter – wenn er die Augen schließt und an ihren wunderbaren Garten denkt, erzählt er: »Damals habe ich Respekt vor der Natur und ihren guten Gaben gelernt.«

Später hat er der Großmutter oft beim Kochen zugeschaut. Sie kannte keine »schnelle« Küche mit industriell vorgefertigten Produkten. Sie nahm sich genügend Zeit. Sie folgte dem Rhythmus der Natur und ließ sich von der Jahreszeit zeigen, was auf den Tisch kommen könnte. Und sie zeigte dem Enkel, dass Feinschmecker kein »schnelles« Essen wollen, sondern sich Zeit lassen und genießen.

Von seiner Großmutter lernte er schließlich auch, ein Essen im Kreis interessanter Menschen zu schätzen und selbst ein begeisterter Gastgeber zu werden. Wie gern bin ich zu Besuch bei einem wahren Feinschmecker!

19. Nur ein Lächeln?

Immer wieder einmal muss ich an die »lächelnde Kirche« denken. Manchmal träume ich sogar von ihr. Ich kann mich genau erinnern, wie ich sie zum ersten Mal gesehen habe: Wir waren ein paar Tage mit dem Auto in Schweden unterwegs und fuhren Richtung Westküste. Besonders auf die berühmte Felsenküste freuten wir uns. Ich liebe das Meer. Ich stehe gern an der Küste und blicke auf das Wasser, das bis zum Horizont reicht.

Als wir am Ortseingang des pittoresken Hafenstädtchens Skärhamn ankamen, traute ich meinen Augen nicht. Die alte weiße Kirche dort lächelte uns freundlich zu.

Ich trat auf die Bremse. »Habt ihr das gesehen?«, fragte ich meine Familie. »Das Lächeln dahinten?« Natürlich hatten sie es gesehen. Im Auto herrschte große Begeisterung. Meine Tochter rief: »Ist ja schräg, eine Kirche, die lächelt!«

Wir schauten genauer hin. Die beiden Fenster im weißen Turm sahen aus wie zwei freundliche Augen. Darunter war, wie auch immer, ein Halbkreis montiert. Und zwar so herum, dass es tatsächlich aussah, als würde die Kirche uns zulächeln und laut rufen: »Hallo, ihr da in dem silbernen Auto, seid herzlich willkommen!«

Ich träume übrigens nicht nur von dieser lächelnden Kirche in Skärhamn. Mein Traum ist größer. Ich träume davon, dass viele Menschen einer lächelnden Kirche begegnen, einer Kirche, in der sie deutlich spüren, dass sie willkommen sind. Zum Glück muss das kein Traum bleiben.

So freue ich mich jedes Mal, wenn Menschen berichten, dass sie selbst eine Kirche erlebt haben, die lächelt, und zwar nicht nur dort in dem schwedischen Küstenstädtchen. Ich freue mich, wenn Menschen die Erfahrung machen, dass sie willkommen sind und geliebt werden. Ich freue mich, wenn Menschen die Einladung annehmen und eintreten: In eine offene Kirche. In eine liebevolle Gemeinschaft. In einen weiten Raum.

Ach ja, das will ich nicht vergessen: Jede lächelnde Kirche, jede Gemeinde, die andere willkommen heißt, jede offene Tür macht es mir leichter, an einen Gott zu glauben, der mich liebt und der es gut mit mir meint. Danke für jede lächelnde Kirche und jeden freundlichen, liebevollen Menschen!

20. Die Märchenfrau

Mona lebte schon seit einigen Jahren allein in ihrer gemütlichen Wohnung ganz am Rande der Großstadt. So richtig heimisch war sie dort lange nicht geworden. Schließlich lag ihr Arbeitsplatz mitten in der City. Jeden Morgen musste sie zweimal umsteigen, bis sie ihr Büro erreicht hatte. Auch am Abend war sie lange unterwegs, bevor sie zu Hause ankam. Am Wochenende hatte sie dann meistens weder Lust noch die Kraft, etwas zu unternehmen.

Dann änderte sich ihr Leben total. Sie wurde feierlich in den Ruhestand verabschiedet und fühlte sich plötzlich zu Hause wie eine Fremde. Die Kontakte zu ihren Arbeitskolleginnen fehlten ihr. Den gewohnten Tagesrhythmus hatte sie verloren. Sie fühlte sich wie im falschen Leben. Immer wieder klangen die Worte bei ihr nach, die bei der Verabschiedung gesprochen wurden: »Du hast es gut. Jetzt kannst du endlich dein Leben genießen!« Von wegen genießen!

Zum Glück hatte Mona einige gute Freundinnen, mit denen sie sich regelmäßig traf. Sie machten ihr Mut, etwas Neues zu suchen, etwas, das ihrem Leben wieder einen Sinn geben würde.

In den nächsten Tagen überlegte Mona lange und informierte sich gründlich über die verschiedenen

Freizeitangebote in ihrer Region. Sie könnte sich einem der zahlreichen Vereine anschließen. Sie könnte im Chor mitsingen oder sich ehrenamtlich betätigen, da gab es viele Möglichkeiten. Doch für nichts konnte sie sich so richtig begeistern.

Als sich der Freundeskreis wieder einmal bei ihr traf, fragte eine der Frauen: »Mona, was tust du eigentlich so richtig gern? Ich meine, was begeistert dich wirklich?«

Mona dachte nach.

Plötzlich lächelte sie wehmütig. Sie zeigte vorsichtig auf ihre Bücherwand. »Ich hoffe, ihr lacht mich nicht aus. Ich liebe Märchen. Da seht ihr meine Sammlung alter und neuer Märchenbücher aus aller Welt. Und ich kenne inzwischen tatsächlich jedes einzelne Märchen aus meiner Bibliothek.« Etwas unsicher und zugleich irgendwie stolz blickte sie ihre Freundinnen an.

Die waren sehr erstaunt. Von Monas Leidenschaft hatte bisher keine etwas gewusst. »Kannst du uns ein Märchen erzählen, bitte?«

Mona freute sich über den Wunsch. Als sie zu erzählen begann, von einem armen jungen Mann, einer Prinzessin, einem Magier und einem langen Weg durch einen dunklen Wald, da erschien es den Freundinnen, als stehe eine Frau vor ihnen, die sie bisher nicht gekannt hatten. Mona erzählte so lebendig, als hätte sie alles selbst erlebt.

Zwei Wochen später rief eine der Freundinnen bei Mona an. »Meine Schwester hat mit ihrem Mann eine Landwirtschaft und feiert ein Hoffest. Dafür wird noch ein interessanter Programmpunkt gesucht. Hast du Lust, als Märchenerzählerin zu kommen?«

Mona sagte spontan zu, und es wurde ein voller Erfolg. Seitdem ist Mona für alle in der Gegend die Märchenfrau. Sie erzählt ihre Märchen in der Schule, im Seniorenheim, in der Kirchengemeinde, der Volkshochschule, im Kindergarten, bei Familienfeiern und auf Festen aller Art. Sie hat sich inzwischen ein buntes Märchengewand geschneidert und wird immer häufiger auf der Straße erkannt und angesprochen. Mona ist zu Hause angekommen.

Wie gut, wenn jemand seine Leidenschaft entdeckt und entwickelt und damit sich selbst und anderen eine Freude macht!

21. Schokolade

Ein exquisites, wunderschön anzusehendes Stück Schokolade liegt vor mir und lächelt mich verführerisch an. Der Anblick reicht aus, damit alles in mir sich auf ein kleines Fest vorbereitet. Ich öffne erwartungsvoll den Mund. Die Schokolade ist kühl, mein Mund ist heiß. Ich warte einen langen Augenblick und widerstehe der Versuchung zu kauen. Ich warte, bis die Schokolade zu schmelzen beginnt. Sie tut es langsam, nach und nach. Aromen entfalten sich und mir ist, als würde ich in einem Garten der Lüste, Entschuldigung, in einem Garten der tausend Kostbarkeiten unterwegs sein.

Ich stelle mir die Kakaobohnen vor, die in einem warmen, exotisch anmutenden Land wuchsen. Allein die Namen machen mich schwindelig – Ecuador, Kolumbien, Costa Rica, Jamaika, Madagaskar, Papua-Neuguinea. Ich bekomme eine kleine Ahnung der vielschichtigen Komponenten und Aromen in einer kleinen Bohne. Ich lasse mich entführen in eine ferne Welt und schmelze endgültig mit der Schokolade dahin.

Nein, ich erliege nicht der zuckersüßen Versuchung, der wohl jeder Mensch schon mal erlegen ist. Ich falle nicht zurück in die Momente totaler Wehrlosigkeit, in

denen ich meinte, in der Schokolade zu ertrinken, weil ich fast im Sekundentakt ein neues Stück in meinen Mund geschoben habe.

Nur ein Stück oder allenfalls zwei – voller Respekt und Wertschätzung vor dem kostbaren Gut! Erst in der Beschränkung gelange ich auf den Gipfel der Genüsse.

Ich spüre: Hier wurde etwas mit viel Liebe und Engagement geschaffen, ein Stück Götterspeise, fair gehandelt, aus besten Grundstoffen – und ich bin noch lange berauscht vor Glück. Schokoladenglück!

22. Interessante Menschen

Ich freue mich, wenn ich Menschen begegne, mit denen eine angenehme, gepflegte Unterhaltung möglich ist. Ich mag Menschen, die rücksichtsvoll und bescheiden sind und die nicht ständig im Mittelpunkt stehen müssen. Ich fühle mich wohl im Kreis von Menschen, die zuhören können und nicht alles besser wissen.

Allerdings habe ich festgestellt, dass die meisten Begegnungen der »wohltemperierten Art« keinen großen Eindruck bei mir hinterlassen. Nette Gespräche sind – ja, sie sind nett! Ich habe die meisten von ihnen bald wieder vergessen. Wer immer dieselben Geschichten erzählt, sollte sich nicht wundern, wenn sein Gegenüber zu gähnen beginnt.

Ich muss gestehen, dass ich Menschen langweilig finde, die sich nichts trauen, die nie »aus der Rolle fallen«, die nur Positives über sich erzählen und die stets »freundlich« lächeln.

Zum Glück erlebe ich auch immer wieder, dass es anders möglich ist. Ich genieße es, wenn ich herausgefordert werde, wenn jemand etwas wirklich Interessantes zu berichten hat und wenn jemand den Mut findet, etwas zu sagen oder zu tun, was andere zum Lachen bringt, sie begeistert oder in Erstaunen versetzt.

Woran ich mich spontan erinnere? Da war das ältere Ehepaar, das nicht nur von einem exotischen Tanz erzählte, sondern ihn zur Freude aller gleich vorführte. Oder der junge Familienvater, der offen von seinem selbst verschuldeten Unfall berichtete. Ich denke an die musikbegeisterte Studentin, die die anderen Gäste bei einer Feier einlud, mit ihr zusammen ein Lied zu singen.

Ich denke an Menschen, die mich erheitert oder zu Tränen gerührt haben. Ich denke an jene, die selbstbewusst zu ihren Schwächen gestanden haben. Mir fallen Frauen und Männer ein, durch deren originelle Meinung, ausgefallene Kleidung oder ungewöhnliches Verhalten sich manche provoziert fühlten.

Danke für alle liebevollen, verrückten, ehrlichen, ungewöhnlichen Menschen, die viel geben und ein großes Herz haben!

23. Oben und unten

Manchmal bin ich ganz oben,
ich fühle mich unbesiegbar,
bin beliebt und erfolgreich
und stolz auf das, was ich erreicht habe,
was ich bin und habe und kann und weiß.

Manchmal bin ich ganz unten,
niedergedrückt von der Schuld,
enttäuscht von meinen Mitmenschen,
verunsichert durch eigene Fehler und Irrtümer,
mutlos und ohne Vertrauen
in meine Möglichkeiten.

Ich würde mich nicht mögen,
wenn ich nur oben
oder nur unten wäre.
Beides ist nur erträglich
zusammen mit dem anderen.
Beides hat mich geprägt
und zeigt mir, wie ich bin:
stark und schwach,
hart und sensibel
und immer wieder
verliebt ins Leben.

24. Das innere Kind

Viele Generationen von Kindern haben die Geschichten der schwedischen Autorin Astrid Lindgren (1907 bis 2002) kennen- und lieben gelernt. Sie sind sozusagen mit Pippi Langstrumpf, Michel aus Lönneberga, Karlsson vom Dach und den Kindern aus Bullerbü aufgewachsen.

Was ist das Geheimnis ihrer Bücher? Vielleicht, dass darin stets eine überwiegend unbeschwerte Kindheit beschrieben wird? Die Hauptfiguren leben frei von unnötigen Zwängen – oder setzen sich darüber hinweg. Sie sind voller Kreativität und entwickeln fantasievoll ihre eigene Welt und ihre eigenen Spiele. Sie sind stolz und rotzfrech, fröhlich und stark, aufsässig und großzügig, wild und liebevoll.

Astrid Lindgren war zeit ihres Lebens davon überzeugt, dass in jedem Erwachsenen immer noch das Kind von damals steckt – kreativ und voller Hoffnung, stark und frei. Nur ist vieles verschüttet und zugewachsen.

Die beliebte Kinderbuchautorin ist noch mit fast 70 Jahren, zusammen mit einer Freundin, in denselben Bäumen herumgeklettert, in denen sie schon als Kind anzutreffen war. Sie wollte damit einer Gruppe von Journalisten zeigen, dass auch »alte Weiber« noch sehr

jung und lebendig sein können. Astrid Lindgren war überzeugt, dass jeder Mensch all seine verschiedenen Alter in sich trägt. Mal kann das eine hervorschauen, mal das andere.

Ich freue mich, wenn Erwachsene ihr inneres Kind leben lassen. Ich freue mich über ihre Spontaneität, ihr Lachen, ihre Fantasie, ihre wilden Träume. Ich freue mich, wenn sie ohne Vorurteile auf andere zugehen. Ich freue mich, wenn sie die Zeit vergessen und ganz im Augenblick leben.

Werdet wie die Kinder, heißt es in der Bibel. Nein, nicht kindlich oder kindisch sollen wir sein, sondern voller Vertrauen und Liebe zum Leben!

25. In der Vesperkirche

Es ist tiefer Winter in einer Großstadt in Baden-Württemberg. Wie jedes Jahr in der kältesten Jahreszeit öffnet die größte Kirche der Stadt ihre Tore für alle, die arm sind, die hungern, die einsam oder obdachlos sind, psychisch krank oder verwirrt. Noch mehr: alle, wirklich alle sind willkommen. Von morgens bis zum späten Nachmittag ist es in der »Vesperkirche« ähnlich voll und lebendig wie auf dem Hauptbahnhof. Statt in Bankreihen sitzen alle gemütlich an gedeckten Tischen.

Für einen Euro, der am Eingang kassiert wird, dürfen sie sich satt essen und für den Abend noch eine Vespertüte mit belegten Broten und Obst mitnehmen. Die meisten lieben die freundliche Atmosphäre hier, die angenehme Wärme, das Essen und die Gemeinschaft. Eine Friseurin schneidet kostenlos die Haare. Für die Hunde der Obdachlosen kommt einmal die Woche ein Tierarzt. Den Kindern wird bei den Schulaufgaben geholfen, und sie lernen in der Kirchenküche, selbst einen Obstsalat zu machen.

Die Vesperkirche gibt es nur, weil zahllose Ehrenamtliche mithelfen. Eine von ihnen ist Corinna. Meistens hilft sie in der Küche.

Eines Tages herrschte dort große Aufregung. Eine Mitarbeiterin rief: »Stellt euch vor, da ist eine Frau im Pelzmantel in die Kirche gekommen. Im Pelzmantel! Hat einen Euro bezahlt, und jetzt sitzt sie gemütlich bei den anderen und lässt es sich schmecken. Unmöglich! Wir brauchen hier keine Schmarotzer!«

Noch lange ging es in der Küche hoch her. »Darf man im Pelzmantel in die Vesperkirche kommen?« »Nun, vielleicht fühlt sich die Frau dort einfach wohl? Es heißt doch, dass alle willkommen sind!«

Die Zeit verging. Der Frühling kam, und die Vesperkirche hatte sich längst bis zum nächsten Winter verabschiedet und wieder in eine »normale« Kirche verwandelt. Auch über die Frau mit dem Pelzmantel, die übrigens bald zum Stammgast geworden war, wurde nicht mehr gesprochen. Alle freuten sich auf die warme Jahreszeit.

Der Sommer zog ins Land, und viele Bewohner der Großstadt waren unterwegs auf Urlaubsreise. Die meisten Besucher der Vesperkirche konnten sich jedoch keine Urlaubsfahrt leisten.

Auch der Sommer näherte sich seinem Ende. Mitte September ging Corinna in der Einkaufszone der Stadt spazieren. Da entdeckte sie Jasmin, eine alleinerziehende Mutter von drei Kindern. Seit Jahren besuchte sie regelmäßig die Vesperkirche, und auch ihre drei Kinder fühlten sich dort immer wohl.

Corinna und Jasmin begrüßten sich freudig, und Jasmin fing sofort aufgeregt an, von ihrem Urlaub am Mittelmeer zu berichten, von dem aufregenden Flug, dem tollen Hotel und der Begeisterung ihrer Kinder.

Corinna zog die Augenbrauen zusammen: »Sag mal, habt ihr im Lotto gewonnen? Ich denke, ihr habt kein Geld?«

Da erzählte Jasmin von ihrer neuen »Ersatzoma«. Die passte ab und zu auf die Kinder auf. »Als sie erfuhr, dass wir noch nie verreist sind, hat sie entsetzt die Hände in die Hüften gestemmt und uns spontan zu der Reise eingeladen. Alle Kosten hat sie übernommen.«

Corinna konnte es immer noch nicht fassen. »Wo hast du denn so eine tolle Oma kennengelernt?«

Da grinste Jasmin und antwortete stolz: »Du wirst es nicht glauben – in der Vesperkirche. Sie hatte immer einen Pelzmantel an.«

26. Höhen und Tiefen

Gern erinnere ich mich an eine Geburtstagsfeier bei guten Freunden. Es waren viele, sehr unterschiedliche Gäste gekommen. Wir aßen und tranken, es wurde viel gelacht, und irgendwann fing jemand an zu singen. Die meisten Gäste ließen sich nicht lange bitten, sondern stimmten gleich mit ein, und so hallten alte und neue Lieder durch die Wohnung der Gastgeber. Ich machte begeistert mit.

Doch am liebsten denke ich zurück an die letzten zwei oder drei Stunden der Feier. Da waren die meisten Gäste schon gegangen. Draußen war es bereits finstere Nacht.

Außer mir und den Gastgebern waren noch fünf oder sechs andere Besucher geblieben. Wir setzten uns zusammen in eine Ecke des Wohnzimmers. Bald war zwischen uns eine große Offenheit und Nähe zu spüren. Einer nach dem anderen begann, aus seinem Leben zu erzählen. Viel Schönes kam zur Sprache, aber auch manches Schwere. Einige erzählten von unvergesslichen Urlauben, auf die sie voller Dankbarkeit zurückblicken konnten, aber auch von schweren Schicksalsschlägen. Wir ließen uns gegenseitig teilhaben an kleinen und großen Erfolgen und bitteren Enttäuschungen. Selten habe ich erlebt, dass Menschen so offen über ihre Höhen und Tiefen gesprochen haben.

Irgendwann nach Mitternacht machten wir gemeinsam eine interessante Entdeckung: Ohne die schweren Zeiten, ohne die Tiefen und Niederlagen, ohne die Probleme und Schwierigkeiten würde uns allen etwas Wesentliches im Leben fehlen.

Jemand sagte: »In solchen Zeiten habe ich gelernt, Herausforderungen anzunehmen und mit ihnen umzugehen.« Eine Nachbarin meinte: »Ich habe mich selbst erst richtig kennengelernt, als in meinem Leben nicht alles glattlief.« Und der Gastgeber fügte hinzu: »In guten Zeiten erscheint alles so selbstverständlich. Erst in schweren Zeiten habe ich gelernt, mein Leben und meine Mitmenschen so richtig zu schätzen.«

Als ich durch die Dunkelheit nach Hause ging, fühlte ich mich reich beschenkt. Hatte ich doch mein Leben gerade eben aus einer völlig anderen Perspektive betrachtet, als ich das normalerweise tue.

In Zukunft, so nahm ich mir fest vor, würde ich für beides in meinem Leben dankbar sein – für die Höhen und die Tiefen.

27. Die Seele braucht Musik

Es gibt immer mehr ältere Menschen, deren Welt irgendwann im Nebel des Vergessens versinkt. Sie können sich keine Namen mehr merken, keine Gesichter – und schließlich erkennen sie ihre eigenen Angehörigen nicht mehr. Da kommt für viele die Frage auf: Ist das überhaupt noch ein Leben?

Hedda in Berlin ist eine von vielen wunderbaren Ehrenamtlichen, die versuchen, betroffenen Menschen beizustehen, ihnen in der Dunkelheit des Vergessens zu begegnen und dort das eine oder andere Licht zum Leuchten zu bringen.

Hedda erzählte mir von einem älteren Herrn, den sie zum Alzheimer Café in eine benachbarte Kirchengemeinde begleitete. Einmal im Monat treffen sich dort Demente und Angehörige oder Betreuer zu Kaffee und Kuchen und viel Musik. Denn gerade durch die Musik wird bei den Betroffenen viel erreicht und geweckt.

Als Hedda am Kaffeetisch saß, blickte sie sich unsicher um. Hatte es überhaupt einen Sinn, gerade diesen Herrn mit zu der Veranstaltung zu nehmen? Er nahm keinerlei Anteil an dem Trubel und der fröhlichen Stimmung dort, sondern saß fast apathisch vor seinem Kaffeegedeck. Er sprach kein Wort. Er lächelte nicht. Er schien in einer anderen Welt zu sein.

Nach dem Kaffeetrinken wurde Musik gespielt, hauptsächlich alte Schlager aus den 50er- und 60er-Jahren. Plötzlich ging ein Ruck durch den Körper des Mannes, er begann zu lächeln und stand von seinem Platz auf. Wie ein Kavalier der alten Schule verbeugte er sich vor Hedda und forderte sie zum Tanz auf. Augenblicke später schwebte er mit ihr durch den Raum, lebte wieder in seiner Jugend und hielt voller Stolz seine deutlich jüngere Partnerin im Arm. Als er nach wenigen Minuten erschöpft aufgab und sich wieder setzte, brauste begeisterter Applaus auf. Was für ein Augenblick!

»Ja«, sagte Hedda, »neben allen Rückschlägen und Enttäuschungen erlebe ich zum Glück auch solche Momente. Und manchmal finde ich im Nebel des Vergessens eine wunderbare, kostbare Perle.«

28. Was soll ich sagen?

Eine gute Freundin war krank. Sogar schwer krank, so wurde ihr mitgeteilt. Natürlich machte sich Jutta so bald wie möglich auf den Weg zu ihr.

In der Bahn versuchte sie, sich das Wiedersehen vorzustellen. Es hieß, die Freundin sei kaum in der Lage, zu sprechen. Jutta fragte sich, wie sie sich verhalten sollte: »Vielleicht erzähle ich von mir und von den Kindern, damit gar nicht erst so eine drückende Stille entstehen kann? Soll ich am Bahnhof einen Blumenstrauß kaufen? Soll ich Fröhlichkeit und Optimismus verbreiten und versuchen, sie zum Lachen zu bringen? Oder sollte ich erst einmal herausfinden, ob mein Besuch überhaupt passend ist? Wie soll ich mich nur entscheiden?«

Als Jutta mit einer einzelnen Rose in der Hand den Bahnhof verließ, nahm das Gedankenkarussell in ihrem Kopf erst richtig Fahrt auf. »Es ist wahrscheinlich das Beste, wenn ich meine Unsicherheit einfach überspiele, damit sie sich gar nicht erst auf meine kranke Freundin überträgt. Oder würde es ihr guttun, meine Betroffenheit zu spüren?«

Dann betrat sie das Krankenzimmer. Jutta erkannte ihre Freundin kaum wieder, so sehr war sie bereits von der Krankheit gezeichnet. Zuerst stand sie hilflos

neben ihr, Augenblicke später setzte sie sich auf den bereitgestellten Stuhl und hielt verlegen die Hand der Kranken. Kaum ein Wort bekam sie heraus.

Doch dann reichte ein Blick der Freundin, ein dankbarer, liebevoller Blick, um Jutta zu zeigen, dass sie nichts tun und nichts sagen musste. Dass sie da war, das allein war wichtig in diesem Augenblick.

29. Ich kann so viel

Wir unterhielten uns am Rande einer Veranstaltung. Ich glaube, sie hieß Barbara. Sie kam schnell auf den Punkt zu sprechen, der sie belastete: »Hier sind so viele interessante, begabte Menschen. Dagegen fühle ich mich klein und nutzlos, wie ein Mauerblümchen. Das ist nicht nur hier, sondern auch zu Hause mein großes Problem. Manchmal schäme ich mich und denke, ich kann gar nichts und bin zu nichts nutze.«

»Sie können nichts? Das kann ich mir überhaupt nicht vorstellen. Überlegen Sie doch mal, was Sie alles können!«

Sie blickte mich erstaunt an, als hätte sie eher ein paar freundliche Trostworte erwartet als diese Herausforderung. »Na ja, ich glaube, dass ich ganz gut Ordnung halten kann. Bei uns zu Hause ist alles tipptopp. Ich erledige den Papierkram für die ganze Familie. Darüber sind alle sehr froh.«

Ich antwortete, dass ich glücklich wäre, wenn ich meine Papiere und Unterlagen so gut im Griff hätte. »Jetzt bin ich neugierig. Was steht denn noch auf Ihrer Habenseite?«

Zum ersten Mal lächelte sie ein wenig. »Ich singe gern. Und wie mir oft gesagt wird, sogar ganz gut. Ob Singen auch zählt?«

»Natürlich zählt das. Was für eine wunderbare Gabe! Ich freue mich über alle Menschen, die gern singen. Und wenn sich das dann auch noch schön anhört, freue ich mich doppelt.«

»Wollen wir mal eine Liste machen?«, fragte ich. »Eine Liste Ihrer Begabungen und Fähigkeiten?«

Sie schaute mich mit großen, fragenden Augen an. Dann lächelte sie und nickte mehrmals. »Das ist eine gute Idee. Ich hoffe nur, dass die Liste nicht zu kurz wird.«

»Da mache ich mir keine Sorgen. Aber natürlich wird die Liste nicht vollständig sein. Ihnen wird jetzt auf die Schnelle nur ein kleiner Teil Ihrer vielen Pluspunkte einfallen. Ich habe nur eine Bitte. Vergleichen Sie sich nicht mit den anderen Menschen hier oder bei Ihnen zu Hause. Diejenigen, die Sie bewundern, haben auch alle ihre Schwachstellen.«

Und tatsächlich, es dauerte nicht lange, da hatten wir eine kleine Liste angefertigt:

Ich kann ganz gut zuhören.

Ich erzähle gern interessante Geschichten. Meistens habe ich sie mir selbst ausgedacht.

Ich helfe im Kindergottesdienst mit. Ich kann überhaupt gut mit Kindern.

Ich bin bei uns in der Firma beliebt. Vielleicht deshalb, weil ich mir für keine Arbeit zu schade bin.

Ich bin begeisterte Köchin, auch wenn meine Freundin viel besser kochen kann als ich. (Hier erinnerte ich sie daran, dass sie sich doch nicht mit anderen vergleichen sollte.)

Wenn ich etwas versprochen habe, kann man sich darauf verlassen.

Ich lerne gern und kann mir das meiste gut merken.

Wenn bei uns im Haus etwas zu reparieren ist, dann übernehme ich das. Mein Mann sagt, ich bin der geborene Handwerker.

Geheimnisse sind bei mir gut aufgehoben.

Es klingelte. Das Programm ging weiter. Ich bin sicher, ihr wäre sonst noch viel mehr eingefallen. Zum Abschied sagte sie nur: »Danke! Ich muss selbst über mich staunen.«

30. Mehrere Frauen

Hiermit gestehe ich öffentlich, dass ich fünf Frauen liebe. Sie halten das für ungewöhnlich? Ich glaube, so etwas ist weiter verbreitet, als wir denken. Hier stelle ich die fünf kurz einmal vor:

Mit der ersten kann ich wunderbar reden. Wir treffen uns oft zu sehr intensiven Gesprächen. Hier ist Platz für alles, was uns beschäftigt. Wir dürfen über unsere tiefsten Gefühle sprechen, ohne Angst davor zu haben, ausgelacht zu werden. Was wir besprechen, bleibt unter uns und wird nicht weitergetragen.

Die zweite liebt es, für mich zu kochen. Manchmal ist es umgekehrt, dann koche ich für sie, und oft stehen wir gemeinsam in der Küche. Wir ergänzen uns dabei sehr gut. Jeder hat seine Stärken und Schwächen. Und jeder bringt seine eigenen Rezepte und Lieblingsgerichte ein. Danach essen wir dann zusammen alles auf und schwärmen uns gegenseitig vor, wie gut es schmeckt.

Mit der dritten Frau habe ich schon seit längerer Zeit ein »Verhältnis«. Und ich finde, das ist gut so. Es ist eine sehr intime und zugleich sehr romantische Beziehung. Wir machen uns gern Komplimente und sind manchmal noch genauso verliebt wie am Anfang.

Die vierte Frau verreist gern. Das ist zum Glück auch meine Leidenschaft. Wir lieben beide lange Spaziergänge am Meer, aber auch anstrengende Touren in den Bergen. Wir mögen Burgen und Kirchen, Museen und Ruinen, aber auch Straßencafés und kleine Geschäfte. Wir essen gern Gerichte, die wir nicht kennen, und versuchen, mit fremden Menschen ins Gespräch zu kommen. Mit dieser Frau habe ich schon viele abenteuerliche Reisen gemacht.

Die fünfte Frau hat einen interessanten Beruf. Es gibt einige Schnittmengen zu meinem Beruf. Wir tauschen uns gern über unsere Ideen und Pläne aus. Wir unterstützen uns gegenseitig. Wir führen sogar gemeinsame Veranstaltungen durch, gemeinsame Projekte und Unternehmungen. Da verstehen wir uns blind. Wir hoffen, noch viele Ideen und Träume in die Tat umsetzen zu können.

Noch etwas möchte ich Ihnen gestehen. Bei allen fünf Frauen handelt es sich um dieselbe. Das ist ein besonderes Glück. Und dafür bin ich sehr dankbar. Vielleicht haben Sie ja auch so eine vielfältige Partnerin oder so einen für vieles aufgeschlossenen Partner? Herzlichen Glückwunsch!

31. Eine andere Welt

Fotografieren war schon immer sein Hobby. Bereits vor vielen Jahren, so kann ich mich lebhaft erinnern, hatte er stets seine Fotoausrüstung dabei, wenn er mit dem Kanu oder zu Fuß irgendwo in der »Wildnis« unterwegs war.

Ganz besonders liebte er das Wasser und das Meer. Er paddelte gern auf den Seen und Flüssen Schwedens, dort, wo mehr Wildtiere als Menschen anzutreffen sind. Aber immer wieder kehrte er zur Nordsee zurück, zu den Inseln und Gezeiten und der Tier- und Pflanzenwelt dort.

Es war für mich jedes Mal ein kleines Ereignis, wenn er von seinen Fahrten und Reisen berichtete. Das lag vor allem an den Bildern, die dabei an die Wand projiziert wurden und tiefe Eindrücke bei mir hinterließen. Diavorträge, so nannte man das damals.

Heute fotografiert er immer noch. Und wie! Kürzlich traf ich ihn wieder – auf einer Fotoausstellung, seiner Fotoausstellung! Dort präsentierte er einige seiner aktuellen Bilder. Bei allen ging es um sein großes Thema: Wasser und Strand, Wind und Wetter, Wellen und Licht.

Zuerst betrachtete ich die Fotos so wie damals, als bunte Bilder, die Reiseberichte illustrierten. Doch als

ich sie länger auf mich wirken ließ, begann sich meine Sichtweise zu verändern. Im selben Augenblick verwandelten sich auch die Fotos. Sie boten mir einen Blick in eine andere Welt. Vielleicht war es sogar der Blick in meine eigene, innere Welt: Ich war fasziniert von der Weite bis zum Horizont. Ich sah Licht, das den Nebel verzauberte. Ich begab mich auf das Meer, ohne darin unterzugehen. Und ich entdeckte Spuren von Menschen und Tieren, die von der nächsten Welle weggespült wurden.

»Toll, was in deinen Bildern alles zu sehen ist«, machte ich ihm ein ehrlich gemeintes Kompliment.

»Toll, dass du es gesehen hast«, gab er mir das Kompliment lächelnd zurück.

32. Gute Wünsche

Schon häufig habe ich erlebt, dass ein guter Wunsch bei mir direkt ins Schwarze traf. Da hat jemand genau gewusst, was ich gerade brauchte und was mir guttun würde – und hat seinen Wunsch speziell für mich liebevoll formuliert. Danke für alle guten Wünsche, die ins Schwarze treffen!

Ich wünsche dir das,
was du gerade brauchst:
Einen Sonnenstrahl,
wenn es in dir dunkel ist.
Das weite Meer,
wenn du dich eingesperrt fühlst.
Ein paar gute Freunde,
wenn es um dich einsam wird.
Einen Platz zum Ausruhen,
wenn du dich übernommen hast.
Einen warmen Regen,
wenn du dich matt und ausgedörrt fühlst.
Ein reinigendes Gewitter,
wenn sich manches in dir angestaut hat.
Und einen wunderschönen Sonnenaufgang,
wenn du meinst,
das Leben habe dir nichts mehr zu bieten.

33. Schöne Erinnerungen

In seinem beliebten Kinderbuch »Frederick« berichtet Leo Lionni von Frederick und seiner Familie. Sie sind kleine Feldmäuse, und im Herbst sammeln sie alle zusammen Körner, Nüsse und Stroh für die bevorstehende Winterzeit. Wirklich alle? Nein, Frederick sitzt da und genießt die Sonnenstrahlen.

»Warum arbeitest du nicht?«, fragen die anderen erstaunt und vielleicht auch ein wenig ärgerlich. Frederick erzählt, was er tut: »Ich sammle Sonne für die kalten Wintertage, Farben für die graue Zeit und viele, viele wunderbare Wörter für lange Abende.«

Der Winter beginnt, und nach einiger Zeit sind die Vorräte aufgebraucht. Es wird sehr kalt, und keiner mag mehr sprechen. Da erinnern sie sich: »Frederick, was ist mit dir? Wo sind deine Vorräte?«

Frederick lächelt fröhlich, setzt sich gemütlich hin und beginnt zu erzählen. Die anderen Mäuse schließen die Augen und tatsächlich, sie spüren die Sonne, sie sehen die Farben und lassen sich von seinen Worten verzaubern.

In Hamburg lernte ich eine Gruppe von Erwachsenen kennen, die sich »die Fredericks« nannten. Sie trafen sich an langen Winterabenden und erzählten einander

von ihren schönsten Sommererlebnissen und von herrlichen Urlaubsfahrten. Sie zeigten sich Fotos – und vielleicht spürten sie auch die Sonne, so wie die Mäuse-
familie, die dankbar dasitzt und Fredericks Worten
lauscht.

Die Dankbarkeit für das bunte, vielfältige Leben entwickelt sich oft erst dann, wenn wir zur Ruhe kommen,
uns erinnern und näher zusammenrücken.

34. An morgen denken

Wir hören immer wieder, wie wichtig es ist, den Augenblick zu nutzen und auszukosten. Schließlich ist jeder Moment unseres Lebens kostbar und kommt nicht wieder. Viele haben das erkannt und sagen: »Ich bin dankbar für jeden Augenblick.«

Doch wir können über zu viel »Heute« auch das »Morgen« vernachlässigen. Manche Menschen leben nach dem Motto: »Jetzt genieße ich das Leben. Nach mir die Sintflut!«

Wir alle leben, mehr oder weniger, auf Kosten unserer Kinder und auf Kosten der Zukunft. Wir plündern die Erde aus und hinterlassen den nächsten Generationen unsere Schulden und unseren Müll.

Zum Glück geht es auch anders. Da muss ich an einen alten Freund denken, der schon vor vielen Jahren seinen Bauernhof an seinen Sohn übergeben hat:

Der Altbauer war in letzter Zeit häufig krank und schon ein wenig gebrechlich.

Doch eines Tages machte er sich mit einem großen, leeren Eimer auf in den nahen Eichenwald.

»Dürfen wir mitkommen?«, fragten seine Enkelkinder. Er nickte ihnen freundlich zu, und so stapften sie erwartungsvoll hinter ihm her.

Bei den ersten hohen Eichen machte er halt und begann, sich nach den Eicheln zu bücken und sie aufzusammeln. Seine Enkel bemerkten, wie schwer ihm das Bücken fiel, und halfen ihm eifrig beim Suchen.

»Aber nur die guten, ohne Risse und schlechte Stellen«, sagte er extra langsam und deutlich. »Die anderen könnt ihr liegen lassen!«

Den Kindern kam es endlos lange vor, bis der Eimer mit Eicheln gefüllt war – nur die beste Sorte ohne Fehler.

»Wofür Opa wohl die vielen Eicheln braucht?«, tuschelten sie miteinander.

Am nächsten Tag begann der Altbauer, auf dem Brachland neben dem Bauernhaus die Eicheln in die Erde zu pflanzen. Mit einem angespitzten Stab machte er Löcher, legte jeweils eine Eichel hinein und schloss das Loch wieder.

»Was machst du da?«, fragten ihn die Kinder neugierig.

»Na, ich pflanze Eichen. Riesige, wunderschöne Bäume. Die wachsen von ganz allein. Wir brauchen sie nicht einmal zu begießen. Das macht alles die Natur. Wir müssen nur viel Geduld mitbringen und warten können.«

»Aber warum tust du das?«, fragte eines der Enkelkinder zurück. »Opa, du sagst doch selbst, dass das lange dauert. Wenn aus den Eicheln große Bäume ge-

worden sind, dann wirst du nichts mehr von ihnen haben. Genieße doch lieber dein Leben und freu dich über die Zeit, die du noch hast!«

Der Alte sah seine Enkel lange und liebevoll an, dann antwortete er ihnen mit fester Stimme: »Ihr glaubt, dass ich alter Mann mich noch über die letzte Zeit meines Lebens freuen kann? Ihr habt recht, ich kann es. Und wisst ihr auch, worüber ich mich freue? Nun, ich träume davon, dass meine Enkel, wenn sie selber so alt sind wie ich, eines Tages überrascht hinaufblicken und sich über die Vögel freuen, die oben in einer der kräftigen Eichen ihr Nest gebaut haben.«

35. Zufrieden

In Schweden treffen sich regelmäßig alle Sangesbegeisterten, um gemeinsam zu singen. Wahrscheinlich singen fast alle Schweden gern. Manchmal sind es hundert, manchmal sind es viele Tausend, die da zusammenkommen. Sie nennen es Allsång – alle singen. Ich war schon mehrmals dabei und kann nur sagen: Es ist ein besonderes Erlebnis, in so großer Gemeinschaft begeistert zu singen.

Allsång in der Hauptstadt Stockholm wird regelmäßig im Fernsehen übertragen. Vor einigen Jahren gab es dort einen Moderator, der selbst ein bekannter Sänger war. Als er nach einer längeren Krankheit wieder bei Allsång auf der Bühne stand, sang er zur Begrüßung das Lied »Nöjd, nöjd, nöjd«. Übersetzt heißt es: Zufrieden, zufrieden, zufrieden. Es ist in Schweden ein bekannter Song.

Ob ein Lied mit so einem Titel bei uns die Chance hätte, zu einem Hit zu werden? Ich glaube es nicht! Aber warum ist es hoch oben im Norden möglich?

Vielleicht können wir es besser verstehen, wenn wir das Wort »lagom« kennen. Es ist eines der wichtigsten schwedischen Wörter und sagt viel über die Menschen in Skandinavien aus. Lagom bedeutet ungefähr »nicht zu viel und nicht zu wenig. Gerade richtig. Nicht übertreiben.« Wer nach diesem Motto lebt,

zeigt damit, dass er nicht immer mehr haben muss und dass er es nicht immer luxuriöser, bequemer und teurer braucht.

Nöjd, nöjd, nöjd – das kann bedeuten: »Ich bin dankbar, dass es mir (wieder) gut geht. Ich bin zufrieden mit dem, was ich habe. Ich mache mir keinen Druck, mehr sein oder mehr haben zu müssen. Ich will nicht verbissen sein.« Ich glaube fest daran, wenn alle Menschen zufrieden wären, würde es keine Kriege mehr geben.

Ich liebe zufriedene Menschen. Ich freue mich, mit ihnen zusammen zu sein. Mit ihnen ist alles etwas leichter und bunter, angenehmer und fröhlicher.

36. Unvernünftig

Wir alle haben unsere Vorstellung davon, was es heißt, vernünftig zu leben: Ernähre dich ausgewogen, nicht zu viel und nicht zu wenig und so abwechslungsreich wie möglich. Bewege dich regelmäßig. Arbeite nicht zu viel. Sei nicht leichtsinnig. Achte auf deine Gesundheit. Gib nicht zu viel Geld aus. Geh abends rechtzeitig ins Bett.

Wir alle versuchen, vernünftig zu leben. Aber immer? Wollen wir wirklich so leben – immer vernünftig?

»Ich denke gern zurück an die lange Wanderung zur Burgruine. Der Weg abseits der befestigten Straße war nicht nur anstrengend, sondern auch gefährlich. Zweimal bin ich auf dem losen Schotter ausgerutscht und habe mir dabei die Hose aufgerissen. Dafür war der Blick unterwegs atemberaubend. Zur Burgruine ohne Auto – das war für mich eine ganz besondere Befriedigung.

Abends zurück im Hotel, hatte ich zwar zwei schmerzhafte Blasen an den Füßen, aber ich war glücklich.«

»Die große Prüfung stand mir bevor. Ich war überhaupt nicht locker. Oft lernte ich in dieser Zeit bis spät in die Nacht. Dabei nahm ich alles, was mich wach hielt – nicht nur Kaffee. Das war unverantwortlich! Doch ich

habe die Prüfung bestanden, sogar mit sehr gut. Und rückblickend war es irgendwie eine tolle Zeit.«

»So oft denke ich zurück an das wunderbare Fest! Wir haben viel zu viel gegessen und getrunken. Wir haben getanzt und gesungen. Wir haben uns amüsiert wie schon lange nicht mehr. Wir waren so ausgelassen. Und wir konnten kein Ende finden, so wohl haben wir uns alle gefühlt. Irgendwann drohten die Nachbarn damit, die Polizei zu rufen. Haben sie dann doch nicht gemacht. Aber es hat sich gelohnt. Was für ein Fest!«

»Als ich das rote Abendkleid im Schaufenster entdeckte, war ich sofort begeistert. Es war ein Traum! Als ich dann den Preis sah, musste ich mich erst einmal setzen. Es war viel zu teuer. Und das gerade jetzt, wo wir uns entschieden hatten zu sparen. Ich überlegte hin und her. Ich wusste, das ist mein Kleid. Heute bin ich froh, dass ich mich für mein Kleid entschieden habe. Es ist immer noch der Hingucker!«

»Meine beste Freundin war krank. Schwer krank! Ich hätte sie gern im Krankenhaus besucht. Doch alle rieten mir ab. Alles in allem acht Stunden allein für die Hinfahrt, nur um sie kurz im Krankenhaus zu sehen? Für einen längeren Besuch hätte sie nicht die Kraft, sagten die Ärzte. Ich bin doch gefahren. Was bin ich froh, dass ich es getan habe!«

Manchmal frage ich mich, ob ein Leben, das immer nur vernünftig ist, in Wirklichkeit nicht sehr unvernünftig ist. Ich bin dankbar, dass ich auch mal unvernünftig sein kann.

37. Es ist, wie es ist

Wenn der Sturm mit Macht heranzieht
und der Regen gegen Mauern peitscht –
es ist, wie es ist,
ob du dich darüber ärgerst
oder dagegen auflehnst.

Wenn der Zug, den du gebucht hast,
heute erst zwei Stunden später fährt –
es ist, wie es ist,
ob du dich darüber ärgerst
oder dagegen auflehnst.

Wenn die bunten Bilder an den Wänden
und den Häusern sich vermehren –
es ist, wie es ist,
ob du dich darüber ärgerst
oder dagegen auflehnst.

Wenn sich langsam alles verändert
und das Alte auf der Strecke bleibt –
es ist, wie es ist,
ob du dich darüber ärgerst
oder dagegen auflehnst.

Nur auf deinen eignen Wegen
bist du selbst der Wind, der Sturm.
Und in deinem eignen Leben
legst nur du den Fahrplan fest.
An den Wänden deiner Jahre
hängst du selbst die Bilder auf.
Wie dein Leben sich verändert,
liegt zumeist in deiner Hand.

Alles andere ist, wie es ist.

38. Mein Glaube

Ich bin dankbar für meinen Glauben. Er begleitet mich jetzt schon so viele Jahre! So, wie ich mich in dieser Zeit immer wieder verändert habe, hat es auch mein Glaube getan. Er war mal stärker und mal schwächer, ernster und fröhlicher, kleiner und größer – mal mehr Gefühl und mal mehr Verstand, mal Ausrufe- und mal Fragezeichen. Doch zum Glück habe ich immer wieder erlebt, dass er mein Leben auf unterschiedliche Weise bereichert hat. Auf welche Weise das geschah?

Mir fallen drei Dinge ein:

Geborgenheit
Mein Glaube trägt mich durch schwere Zeiten. Wenn ich den Boden unter den Füßen verliere, dann vertraue ich darauf, dass Gott mich hält. Und wenn ich nicht darauf vertraue, dann bitte ich um Vertrauen.

Wenn ich mich in dieser »verrückten« Welt verloren fühle, hilflos, enttäuscht, verlassen, dann finde ich bei Gott Geborgenheit. Und wenn ich sie nicht fühle, dann bitte ich ihn darum. Verzweifelt und hoffnungsvoll.

Selbst wenn mein Glaube klein und schwach ist – ich glaube, dass ich getragen werde. So habe ich es erfahren, immer und immer wieder.

Wachstum und Veränderung

Mein Glaube fordert mich heraus. Er bringt mich in Bewegung, auch wenn ich manchmal lieber auf dem Sofa sitzen bleiben und alles beim Alten belassen würde.

Ich bin unterwegs auf dem Weg des Glaubens. Dabei mache ich immer wieder wichtige Entdeckungen: Sein ist wichtiger als Haben. Losgehen ist wichtiger als Warten. Mitmachen ist wichtiger als Zuschauen.

Begeisterung und Lebendigkeit

Mein Glaube kann mich begeistern. Mal mehr und mal weniger. Ich nehme das Leben jeden Tag neu als Geschenk Gottes. Ein Geschenk, das mich herausfordert und an dem ich mich erfreuen kann.

Als größtes Geschenk erfahre ich die Liebe: Die Liebe zu mir und zu meinen Mitmenschen. Die Liebe zum Leben und zu Gott.

Und manchmal erhebe ich die Hände vor Glück und tanze ausgelassen durch den Tag.

39. Eine schöne Überraschung

Was ist die schönste Überraschung, an die du dich erinnerst?« Ich kann fragen, wen ich will, nach kurzer Überlegung erhalte ich fast immer eine Antwort. Bei vielen beginnt es sofort zu sprudeln. Ihr Gesichtsausdruck verändert sich. Ein versonnenes oder überschwängliches Lächeln zeigt, wie gut allein schon die Erinnerung an eine schöne Überraschung tut.

»Noch einen Tag vor Heiligabend hatte unsere Tochter angerufen und unter Tränen erzählt, dass sie Weihnachten nicht kommen könne. Sie war unerwartet zum Notdienst eingeteilt worden. Doch am Abend des 24. Dezember klopfte es plötzlich am Fenster. Wir sahen uns fragend an. Ich öffnete die Tür – und da stand sie. Überraschung! Was für eine große Freude!«

»Nein, ich kenne niemanden, der zur Hochzeit Ihr Lieblingslied singen kann.« Es tat dem Pfarrer sichtlich leid, den Wunsch ablehnen zu müssen. »Schade!«, flüsterte die Braut enttäuscht. »Ich hatte immer davon geträumt, mein Lied zu unserer Feier zu hören.«

Doch dann, kurz vor Ende der kirchlichen Trauung, intonierte die Orgel ihr Lied. Die Braut lächelte. Dann eben instrumental – die Überraschung war gelungen.

Augenblicke später erhoben sich auf der Empore einige ihrer Freundinnen und Freunde und sangen gemeinsam das Lieblingslied. Danach brauchte die Braut unbedingt ein Taschentuch.

»Robert hatte seine Freundin Kira zur Ausstellung in einer bekannten Galerie eingeladen, zwei Stunden entfernt in einer Großstadt. Schon morgens während der Fahrt mit der Bahn war Kira ganz aufgeregt. Sie liebte die Werke der bekannten Künstlerin und war besonders auf die neuen Bilder ihrer jüngsten Schaffensperiode gespannt.

In der Galerie herrschte am Vormittag zum Glück kein großer Andrang. Robert und Kira konnten sich alles in Ruhe anschauen. Nach einiger Zeit gesellte sich eine selbstbewusste Frau zu ihnen, blonde kurze Haare, eine große grüne Brille, und fragte, ob sie hier in der Stadt lebten. ›Nein, wir haben schon eine längere Zugfahrt hinter uns. Wir sind extra wegen der Ausstellung gekommen.‹ Plötzlich blickte Kira die Frau mit großen Augen an. ›Entschuldigung, sind Sie …?‹ Tatsächlich, sie war es, die Künstlerin persönlich. Und sie nahm sich gleich die Zeit für eine unvergessliche, private Führung durch die Ausstellung.«

An welche schöne Überraschung erinnern Sie sich? Vielleicht an die freudige Nachricht, dass Sie die Prüfung doch bestanden haben? Oder an die Rose, die

unter den Scheibenwischer Ihres Autos geklemmt war? Oder an eine unerwartete Einladung in die Elbphilharmonie? Egal, was es war – genießen Sie die Erinnerung daran!

40. Klein oder groß

Sie hatte gerade ihr Studium abgeschlossen und war jetzt für einige Wochen unterwegs hier und da in der großen Welt. So eine Auszeit tat ihr nach den anstrengenden Jahren, die hinter ihr lagen, gerade gut.

Viele Fragen gingen ihr in diesen Wochen durch den Kopf: Sollte sie weiter auf die »große Liebe« warten? Sollte sie das berufliche Angebot der renommierten Firma annehmen oder doch lieber in einer kleinen Agentur arbeiten? Vor allem mit einer Frage setzte sie sich intensiv auseinander: Sollte sie ihrem Herz folgen und dem Gott der Liebe vertrauen oder ihrem Verstand, der ihr einredete, dass es selbstverständlich keinen Gott geben könne.

Eines Tages war sie in einem ausgedehnten Waldgebiet unterwegs. Sie liebte die Natur und ließ sich für ein paar Stunden einfach treiben, immer weiter in den Wald hinein. Sie genoss die Gerüche und Ausblicke, dann wieder war sie völlig in Gedanken versunken. Wie schön es war, ohne Zeitdruck unterwegs zu sein!

Die Sonne schien warm durch die Baumwipfel. Am frühen Nachmittag wurde sie angenehm müde. Sie fand einen schönen Platz mit dickem Moos und setzte sich hin. Hier in der Natur, müde und glücklich, fühlte sie sich dem Leben in besonderer Weise verbunden.

Fast wäre sie eingeschlafen. Doch plötzlich spürte sie ein leichtes Kribbeln an ihrem linken Arm. Sie öffnete ein wenig die Augen und sah einige Ameisen, die auf ihrem Arm herumliefen. Es war ihr nicht unangenehm, und sie unternahm auch nichts, um die Tierchen abzuschütteln.

Sie versetzte sich in Gedanken in eine der kleinen Ameisen. Ob die sich wohl vorstellen könnte, dass ein »riesiges« Wesen dort im Wald saß und sie dabei war, dessen gewaltigen Arm zu erwandern?

Aus meinem menschlichen Blickwinkel, so wurde der jungen Frau deutlich, sieht die Welt völlig anders aus als aus dem Blickwinkel einer Ameise. Aber ob meine Sicht die richtige ist?

Jetzt musste sie fast ein wenig lächeln über ihren eigenen Verstand, der sonst immer so davon überzeugt war, alles richtig beurteilen zu können. Ob Gott jetzt vielleicht auch über sie lächelte?

Als sie wieder aufstand, half sie den Tierchen hinunter von dem riesigen Wesen zurück auf den vertrauten Waldboden. Auch sie setzte ihren Weg durch den Wald fort, wenn auch in deutlich höherem Tempo als die Ameisen. Sie fragte sich noch lange, wie sie die Welt wohl sehen würde, wenn sie so winzig klein wäre wie, ja, wie eine Ameise. Aber was heißt schon klein, und was ist wirklich groß nach dem Maßstab Gottes?

41. Die »reiche« Nachbarin

Es war nicht leicht für Carmen, fast täglich ihre Nachbarin sehen zu müssen. Die sonnte sich im Garten, sah dabei stets blendend aus, bekam vornehmen Besuch, hatte einen erfolgreichen Mann und wohnte in dem schönsten Haus der ganzen Gegend.

Carmen wollte nicht eifersüchtig sein, wirklich nicht! Aber sie empfand es schon als ungerecht, dass der Nachbarin alles gelang, scheinbar ohne große Anstrengung, während sie selbst kämpfen musste, um ihr Leben irgendwie auf die Reihe zu bekommen.

Die Frauen redeten häufiger miteinander, wenn sie sich draußen trafen. Meistens fühlte sich Carmen dann unterlegen und weniger wert. Nein, die Nachbarin war nicht arrogant oder feindselig, überhaupt nicht! Aber irgendwie glänzte sie stets, und Carmen hatte das Gefühl, nie zu glänzen. Sie fühlte sich ihr gegenüber klein.

Manchmal lud die Nachbarin sie zum Kaffee in das vornehme Haus ein. Alles war dort edel – die Einrichtung, die Dekoration, das Geschirr, selbst der Kaffee und das Gebäck. Die Nachbarin war freundlich – aber Carmen fühlte sich dort fehl am Platz und nicht wirklich willkommen. Sie gehörte eben nicht zur besseren Gesellschaft. Sie traute sich auch nicht, die Nachbarin zu sich nach Hause einzuladen.

Carmen erschrak, als die Nachbarin eines Tages trotzdem plötzlich bei ihr in der Tür stand. Sie bat sie herein – und sofort begann die Besucherin zu schluchzen. Ihre Worte waren zuerst kaum zu verstehen. Sie versuchte durchzuatmen, dann setzte sie noch einmal an. Ihr Mann war plötzlich schwer erkrankt. Er lag auf der Intensivstation im Krankenhaus. Sie wusste nicht, ob er überhaupt wieder richtig gesund werden würde.

Carmen nahm ihre Nachbarin liebevoll in den Arm. Es wurde ein langes Gespräch zwischen ihnen – und es flossen viele Tränen.

Als die Besucherin ging, drückte sie Carmen noch einmal. »Danke«, sagte sie, »vielen, vielen Dank!«

42. Immer noch

Sie schlenderte voller Glück und Leichtigkeit in den Garten. Dabei ließ sie sich alle Zeit der Welt. Sie genoss die Sonnenstrahlen, als würde die Sonne in diesem Augenblick nur für sie scheinen. Sie lauschte gebannt den Vögeln und war überrascht von der Schönheit des Gesangs, den sie noch nie so intensiv wahrgenommen hatte.

Sie roch das Gras, die Blumen und Kräuter und fühlte sich wie in einem Paradiesgarten. Sie streckte ergriffen ihre Hände der Sonne entgegen und rief: »Da bin ich. Ich bin immer noch, ich bin noch da. Ich darf sein und fühlen und riechen und schmecken. Ich bin immer noch. Ich bin wieder da.«

Ihr fiel der Traum der vergangenen Nacht ein. Da hatte sie viele Stationen ihres Lebens im Rückblick gesehen. Ja, natürlich auch diesen Unfall damals in Dänemark. Er war glimpflich ausgegangen – zum Glück. Aber eine Sekunde früher und sie wäre nicht mehr gewesen.

Wieder streckte sie, überrascht und herausfordernd zugleich, ihre Hände der Sonne entgegen. Sie sagte, sie sang, sie rief: »Ich bin immer noch, ich bin noch da.«

Oder die Krankheit, Krankenhaus, Operation – lauter Bilder, die sie am liebsten ganz aus ihrem Ge-

dächtnis löschen würde. Heute Nacht war wieder alles so aktuell gewesen. Sie drehte sich mehrmals tänzelnd um die eigene Achse, wie sie es meistens tat, wenn sie etwas loslassen und abwerfen wollte. Da spürte sie wieder den Augenblick, das Jetzt, die Wärme der Sonne. Was für ein Geschenk! Die Sonne, das Leben – einfach alles! Beschenkt, überrascht, beglückt stand sie zum Himmel ausgerichtet und rief wieder: »Ich bin immer noch.«

Ihr gefiel der fröhliche Tanz im Garten. Vielleicht sollte sie das an jedem Morgen tun? Vielleicht sollte sie jeden Tag begrüßen? »Mein Leben wird mir neu geschenkt, für heute. Die Sonnenstrahlen werden mir heute neu geschenkt. Und das fröhliche Singen der Vögel klingt wie damals, als die Welt erschaffen wurde.«

Sie ging wieder zurück zum Haus. Noch einmal drehte sie sich um. »Ich bin immer noch, ist das nicht wunderbar?!«

43. Neue Hoffnung

Nach dunklen Regentagen
weckt dich heller Sonnenschein,
nach bösen Worten
reicht ihr euch die Hand,
nach tausend Tränen weißt du endlich,
du bist nicht allein,
nach langer Suche
siehst du wieder Land.
Das und noch viel mehr,
das hoffe ich für dich.

Du willst für immer schweigen,
und du öffnest deinen Mund,
du hast verloren
und gewinnst das Spiel.
Das Leben, das so grau erschien,
ist heute wieder bunt,
der Nebel legt sich,
vor dir liegt dein Ziel.
Das und noch viel mehr,
das hoffe ich für dich.

Am Ende ganz am Anfang,
verzweifelt voller Mut,
Vertrauen stirbt,
bevor es neu beginnt.
Der Sturm reißt an den Wurzeln,
entfacht die alte Glut,
vom Baum gefallen,
tanzt ein Blatt im Wind.
Das und noch viel mehr,
das hoffe ich für dich.

44. Was ich brauche

Bei einer Seminarveranstaltung wurden wir von der Referentin gefragt, was unserer Meinung nach jeder Mensch zum Leben brauche. Von verschiedenen Seiten kamen die Antworten, und sie schrieb alles an die Tafel:

Wasser
Lebensmittel
Bekleidung
Wohnraum
Bewegung
Bildung
Sicherheit

Als ich ein paar Tage später die Unterlagen der Veranstaltung sortierte, fiel mir auch die obige Liste in die Hand. Ja, dachte ich, das braucht jeder Mensch. Das gehört zur Menschenwürde. Wenn etwas davon fehlt, wird der Mangel schon bald zu sehen und zu spüren sein.

Doch schnell wurde mir deutlich, dass die Liste nicht ausreicht. Der Mensch braucht einiges mehr, um Mensch sein zu können. Und ich stellte mit großer Dankbarkeit fest, dass ich tatsächlich viel mehr zum Leben habe:

Aus meinem Wasserhahn kommt sauberes Wasser, das ich genüsslich trinken kann und das meiner Gesundheit guttut. Ich kann an jedem Tag gesunde Lebensmittel essen, die reich an Nährstoffen sind. Ich besitze Kleidung für verschiedene Gelegenheiten, für Sonne und Regen, Winter und Sommer, Freizeit und Feierlichkeiten. Meine Wohnung ist trocken und geräumig.

Mir fiel noch viel mehr ein, was ich zum Leben habe. Da sind das Fitnesscenter, mein Trampolin und das Joggen am Morgen. Die Schule und die Universität, die Bibliothek und interessante Vorträge. Die Polizei und die Feuerwehr. Der Bus und die Bahn. Das Fahrrad und das Auto.

Ich merkte, wie wichtig es ist zu unterscheiden: Was ist leerer Luxus – und was tut mir wirklich gut? Was belastet mein Leben – und was bereichert mein Leben? Was macht mich froh und leicht – und was macht mich schwer und unglücklich?

Oft ist das am wichtigsten, was ich nicht für Geld kaufen kann: Menschen, die mich lieben. Ein gesunder Glaube. Wunderbare Träume. Musik und Poesie. Gute Ideen. Lachen. Und ein helles Licht für dunkle Tage.

45. Der »Pocket Angel«

Ein Arzt aus den USA schrieb mir einen langen Brief. Er hatte einige Zeit in Deutschland studiert und konnte deshalb sogar auf Deutsch schreiben und auch meine Bücher in der Originalsprache lesen. Er bedankte sich für einige Texte, die ihm in einer schwierigen Lebensphase sehr geholfen hatten.

Dann berichtete er von seinen kleinen Engeln: Wenn seine Patienten vor einer schwierigen Entscheidung stehen, wenn sie schwer erkrankt sind oder auf eine Operation warten, gibt er ihnen nicht nur medizinische Hilfe und gute Ratschläge mit auf den Weg. Manchen von ihnen schenkt er einen »Pocket Angel«, einen kleinen Engel, den man in die Tasche stecken kann.

Nein, es geht ihm nicht um magische Vorstellungen. Der »Pocket Angel« besitzt keine geheimnisvollen Kräfte. Was dann? Er erinnert uns daran, dass göttliche Kräfte in unserem Leben wirksam werden können. Er macht uns Mut, auf die Nähe Gottes und der Engel zu vertrauen. Dietrich Bonhoeffer sagte das so: »Von guten Mächten wunderbar geborgen!«

Jeder Griff in die Tasche, jede Berührung des kleinen Engels, kann uns daran erinnern und uns gerade in schweren Zeiten Mut machen, mit Gottes Liebe und Licht zu rechnen.

Ein paar Tage später bekam ich ein kleines Päckchen aus Amerika. Der Arzt hatte mir tatsächlich einen schönen Vorrat dieser kleinen Engel zugeschickt. Was für eine Überraschung!

Zu meinen nächsten Vorträgen und Lesungen nahm ich die Engel mit. Ich erzählte von ihrer Herkunft und Geschichte. Dann sagte ich: »Sie können, ihr könnt einen davon erhalten. Aber nicht für euch, sondern für einen Menschen, dem er gerade in dieser Zeit guttun würde. Also ein Engel zum Verschenken!«

Das Echo überraschte und berührte mich tief. Im Anschluss an die Veranstaltungen kamen etliche Besucher und Besucherinnen zu mir und baten um so einen Engel. Die meisten erzählten ergreifende Geschichten darüber, wem sie den Engel als Hoffnungsbringer schenken wollten – vor der Operation, vor der großen Reise, für den schweren Weg.

Danke für alle Menschen, die Hoffnung verschenken und dabei selbst ein Engel sind.

46. Eine einfache Mahlzeit

Die Wandergruppe war bereits früh am Morgen aufgebrochen. Die Teilnehmer wollten eine Nacht hoch oben in einer einsamen Berghütte verbringen. Ein langer, anstrengender Weg lag vor ihnen.

Um die Mittagszeit freuten sich alle darauf, bald im alten, urigen Berggasthof einzukehren, der genau an ihrem Weg lag. Doch als sie dort ankamen, war die Enttäuschung groß. Im Fenster hing ein kleines Schild: heute Ruhetag.

Also hieß es, die Wanderung mit hungrigem Magen fortzusetzen. Zum Glück kannten die beiden Bergführer einen schönen Rastplatz an einem kleinen Bach. Die Pause und das klare, kühle Wasser taten ihnen gut.

Am Nachmittag führte ihr Weg an einem Bergbauernhof vorbei. »Das ist der letzte bewohnte Hof auf unserer Wanderung«, rief einer der Bergführer. »Ich muss schnell mal hinein und etwas abholen.«

Während er im Haus war, saßen die anderen erschöpft am Weg. Sie hatten sich einfach auf dem Boden niedergelassen. »Was will er dort?«, fragte jemand. Doch der zweite Bergführer schwieg lächelnd. Nach ein paar Minuten kam der erste zurück. Er hatte zwei große, prall gefüllte Taschen in der Hand. Alle waren neugierig, doch er verriet nichts.

Drei Stunden später zeigten die beiden Bergführer schließlich den Hang hinauf. »Da oben seht ihr unsere Hütte, in der wir übernachten werden.«

Allein die Hoffnung auf baldige Ankunft am Ziel reichte aus, damit alle noch einmal ihre letzten Kräfte mobilisierten. Die Dämmerung hatte bereits begonnen, als sie an der Hütte ankamen. Freudestrahlend traten sie ein und befreiten sich erst einmal von der Last ihrer Rucksäcke. Endlich waren sie am Ziel!

Schon eine halbe Stunde später saßen sie an dem alten, massiven Holztisch – müde und hungrig. »Was gibt es denn zu essen?«, fragte jemand neugierig.

Es wurde alles aufgetischt, was aus den beiden Taschen herauszuholen war: Brot und Käse. Beides war von den Bauersleuten in liebevoller Handarbeit selbst hergestellt worden. Dazu kam frisches Quellwasser, von dem es hier oben mehr als genug gab.

»Was, mehr nicht?«, fragte jemand ein wenig verwundert. Doch die Frage musste nicht beantwortet werden. Das kühle Wasser löschte nicht nur den Durst, sondern schmeckte auch köstlich. Das Brot war frisch, knusprig und lecker, und der Käse schmeckte nach all den Kräutern und Pflanzen hier oben, mild und würzig zugleich.

Als sie sich später zum Schlafen legten, waren sich alle einig: »Wie gut, dass wir hier oben hungrig ankamen. So ein tolles Essen haben wir schon lange nicht mehr genossen!«

Na ja, zum Glück hatte der Berggasthof an diesem Tag seinen Ruhetag. Ich habe übrigens den Verdacht, dass die beiden Bergführer das genau gewusst haben.

47. Dankbare Menschen

Irgendwann machte ich eine interessante Feststellung: Großzügige Menschen, die gern teilen und sich uneigennützig und fröhlich für andere engagieren, sind fast immer auch dankbare Menschen. Seitdem ist es mir noch wichtiger als früher, zur Dankbarkeit einzuladen.

Dankbare Menschen wissen, dass nichts im Leben selbstverständlich ist. Sie wissen ihre Gesundheit zu schätzen und die moderne Medizin. Sie sind dankbar für gesunde Lebensmittel und eine gute Berufsausbildung, für sichere Verkehrsmittel und ein reichhaltiges Freizeitangebot. Für dankbare Menschen ist es ein Geschenk, gute Freunde zu haben und in einer intakten Nachbarschaft zu leben.

Dankbare Menschen wissen eben, dass es auch anders sein kann. Sie wissen es aus eigener Erfahrung oder durch die Medien und durch persönliche Berichte von Freunden und Bekannten. Sie wissen von Hunger und Krieg, Krankheit und Elend, Korruption und Desinteresse, Kinderarbeit und Chaos, Misswirtschaft und Unterdrückung.

Dankbare Menschen fühlen sich reich beschenkt. Das ist nur möglich, weil sie ein weites, großes Herz haben. Sie blicken über sich selbst hinaus. Sie fragen, was ihre Mitmenschen benötigen. Sie informieren sich über die

Lebensbedingungen in anderen Ländern. Sie finden heraus, wo ihre Lebensmittel herkommen. Sie beschäftigen sich mit artgerechter Tierhaltung. Sie wollen wissen, wie ihre Kleidung hergestellt wird. Sie nehmen Anteil am Schicksal verfolgter Menschen. Sie engagieren sich. Sie schenken gern, auch ihre Zeit und ihre Ideen. Und manchmal feiern sie aus lauter Dankbarkeit ein fröhliches Fest.

48. Ein Augenblick für die Ewigkeit

Der Dichter Jochen Klepper (1903 bis 1942), dessen Leben so früh und tragisch endete, schrieb im Jahr 1933 das folgende kurze Gedicht:

> *Mein Herz hat einen Schlag getan –*
> *nur wie ein Fisch die Flosse regt,*
> *ein Gras im Winde sich bewegt,*
> *ein Vogel seine Schwinge hebt –*
> *und alles Leben war gelebt,*
> *und alle Ewigkeit brach an.*

Wahrscheinlich ist es das, wonach wir uns immer und immer wieder sehnen – solche Augenblicke zu erleben, in denen die Ewigkeit aufstrahlt. Wir sehnen uns nach dem, was größer ist als unser Denken und Fühlen. Sie durften davon bereits »kosten«? Was für ein Glück!

Vielleicht war es die kostbare Erfahrung der »großen Liebe«, die Ihnen das Gefühl geschenkt hat, dass ein Fenster zum Himmel geöffnet wurde. Vielleicht war es der Blick auf das Meer oder hinüber zur Burg, der Ihnen Schönheit und Weite zugleich geschenkt hat. Vielleicht war es die Wiedersehensfreude nach langer Trennung oder der Stern, der vom Himmel

direkt in Ihr Herz fiel. Vielleicht war es der Augenblick, als Sie überwältigt dachten: Mehr geht nicht!

Danke für solche himmlischen Momente schon hier auf der Erde! Sie machen uns Lust auf mehr Leben und schenken uns Vorfreude auf die Ewigkeit.

49. Sieben mal sieben Welten

Die Stadt ist gerade erwacht. Ich steige in den Bus. Es ist kein Sitzplatz mehr frei. Unsere Nachbarin steht hinten im Gang und grüßt mich freundlich. Sie fährt sonst meistens mit dem Auto. Ich bin noch etwas müde. Gestern Abend ist es spät geworden. Am Bahnhof herrscht großes Gedränge. Ich muss mich beeilen, um die Bahn noch zu erreichen.

Es hat alles gut geklappt. Schön, dass ich rechtzeitig im Büro bin! Erst einmal hole ich mir einen Kaffee. Dann schaue ich auf meinen Tagesplan. Heute Nachmittag kann ich früher gehen. Aber vorher ist noch viel zu erledigen. Die Korrekturen müssen bis zum Mittag fertig sein.

Schön, dass ich so früh zu Hause bin! Bei dem herrlichen Wetter! Ich setze mich erst einmal auf die Terrasse. Ein milder Wind streichelt mich. Der Himmel lächelt mir zu. Die Vögel singen. Komisch, heute Morgen habe ich sie gar nicht gehört. Es klingt wunderschön, wie im Märchen.

Ich bin wieder in unserer Wohnung. Aus dem Zimmer des Großen ertönt Musik. Ich tanze dazu fröhlich über den Flur. Doch die Küche schreit nach Hilfe. Ich

kremple die Ärmel hoch und öffne die Geschirrspül-
maschine.

Wir sitzen gemütlich auf dem Sofa. Es gibt viel zu erzählen. Wir trinken Tee. Ruhetee. Das tut gut. Wir sind ganz
entspannt und planen dabei unseren Ausflug am Wochenende. Vielleicht wollen ja die Kinder mitkommen?

Wir entschließen uns, noch einen Spaziergang zu machen. Es ist schon dunkel, aber noch angenehm warm.
Bald stellen wir fest, dass nicht nur wir auf diese Idee
gekommen sind. Die Sterne funkeln am Himmel. Was
für ein schöner Tagesabschluss!

Ich liege im Bett und bin in Gedanken noch einmal in
den unterschiedlichen Welten, in denen ich mich heute
bewegt habe. Ich bin dankbar für diese Vielfalt. Ich denke an andere Welten. Die Welt am Meer und in der kleinen alten Kirche. Die Welt im vornehmen Restaurant
und im Krankenhaus. Ich denke an die Welt der Musik
und der fröhlichen Feier. Und alles sind meine Welten.
Und gleich tauche ich ein in die Welt der Träume …

50. Spontane Einladung

Ich liebe herzliche Gastfreundschaft. Mein »Erwe-ckungserlebnis« liegt schon viele Jahre zurück. Ich war mit Freunden in Portugal – ein wunderschöner Urlaub. Wir waren viel im Land unterwegs. In einem Dorf wurde Hochzeit gefeiert. Fast das ganze Dorf war dabei. Der Festsaal grenzte an den Dorfplatz, und nicht nur die Kinder pendelten zwischen dem Festsaal und dem offenen Platz draußen. Es war faszinierend, das fröhlich-festliche Treiben zu beobachten.

Plötzlich kam die Brautmutter auf uns zu. Sie redete laut und lachte herzlich. Wir verstanden sie nicht. Da nahm sie zwei von uns an die Hand und führte uns hinein. Die anderen folgten. Mit einer weit ausladenden Handbewegung zeigte sie uns, dass wir gern mitfeiern dürften. Alle seien heute willkommen.

Es war ein wunderbares Fest und ein unvergessliches Erlebnis. Und es zeigte mir, wie einfach und großartig spontane Gastfreundschaft sein kann.

Ich besuchte meinen Onkel Werner, der für ein paar Tage dicht an der polnischen Grenze ausspannte und »alte Zeiten« auf der Spur war. Der Fischer des Ortes hatte zwei Gästezimmer. Dort hatte Werner sich einquartiert. Für meine kurze Stippvisite stand das zweite Zimmer zur Verfügung.

Wir beide saßen im Garten und hatten uns viel zu erzählen. Die Zeit verging wie im Flug. Längst war der Fischer mit seinem Sohn vom See zurück – und es roch wunderbar nach frisch gebratenem Fisch. Plötzlich kam die Frau des Fischers mit einer großen Platte voller Köstlichkeiten in den Garten. »Herzliche Einladung an alle! So frisch gibt es den Fisch in keinem Gasthaus.«

Ich empfand es als großes Geschenk, dass ich einfach dazugehören durfte und ein spontaner Gast des Hauses wurde. Verschmitzt lächelnd zwinkerte mir mein Onkel zu.

Sicher haben Sie es auch schon erlebt, dass Sie spontan eingeladen wurden: Die Nachbarn nutzten das schöne Wetter, um im Garten zu grillen, und schon – »Habt ihr nicht Lust rüberzukommen?« – waren Sie dabei. Sie trafen eine alte Bekannte in der Stadt, und schon – »Ich lade dich auf einen Kaffee ein« – saßen Sie plaudernd zusammen. Oder bei der langen Wanderung mit der ganzen Familie, es war heiß und anstrengend, kam ein Ehepaar aus dem Haus am Weg und brachte eine große Schüssel Erdbeeren. »Jetzt machen Sie erst mal eine kleine Rast!«

Danke für herzliche Gastfreundschaft, wo immer sie mir begegnet. Vor allem dann, wenn sie spontan ist. »Darf ich dich einladen, jetzt gleich?«

51. Das Geschenk des Engels

Kürzlich hatte ich einen interessanten Traum. Ein Engel besuchte mich und sagte freudestrahlend: »Ich habe ein schönes Geschenk für dich.« Ich horchte überrascht auf und war gespannt, was er mir wohl schenken würde. Ich sah ihn an und wartete. Er strahlte immer noch. »Ich schenke dir eine kostbare Stunde Zeit. Aber du bekommst sie nur, wenn du mir sagst, was du mit diesem Geschenk machen willst.«

Ich überlegte kurz, dann sagte ich: »Ich würde in aller Ruhe hinunter zum Fluss gehen und dort in die Wellen schauen.« Der Engel nickte wohlwollend. Dann sagte er: »Eine gute Idee. Aber bedenke, es ist eine sehr kostbare Stunde. Hast du noch einen anderen Vorschlag?«

Dieses Mal überlegte ich länger. Dann sagte ich feierlich: »Ich würde einen lieben Menschen besuchen, der mir wichtig ist und den ich schon längere Zeit nicht mehr gesehen habe.« Der Engel nickte zufrieden. »Ja, das ist eine wunderbare Idee. Aber bedenke, es ist tatsächlich eine überaus kostbare Stunde. Willst du nicht vielleicht noch einmal nachdenken?«

Ich ließ mir jetzt noch länger Zeit zum Überlegen. Mir fielen viele interessante Möglichkeiten ein, diese Stunde zu nutzen. Ich staunte über meine Fantasie. Schließlich

sagte ich: »Ich würde gern ausgelassen mit einem kleinen Kind spielen, das dabei ist, diese faszinierende Welt zu entdecken. Oder nein, ich würde gern etwas tun, was ich mich bisher noch nie getraut habe. Mit fremden Menschen ein Lied singen, vielleicht. Oder doch endlich auf den Rathausturm steigen, alle 144 Stufen, und von oben den Rundblick genießen.«

Ich schwieg. Ich grübelte. Ich hätte noch so viele weitere Vorschläge. Dann fragte ich zögernd nach: »Habe ich wirklich nur eine kostbare Stunde? Kannst du mir noch eine zweite Stunde schenken? Oder gar eine dritte?«

Er sah mich lachend an. Und genau in dem Augenblick wachte ich auf. Ich musste selbst lachen. Schließlich bekomme ich doch an jedem Tag nicht nur eine, sondern 24 kostbare Stunden geschenkt.

52. Gott hat viele Boten

Ende 1983 ging eine Meldung durch die Presse, die neben den vielen »wichtigeren« Tagesmeldungen wohl kaum beachtet wurde:

>*»Ein Rabbiner sucht seinen Retter – Ehemaliger KZ-Insasse will Wehrmachtsoffizier danken.«*

Wir müssen zurückblicken in das Jahr 1944, ein Jahr vor dem Ende des Zweiten Weltkrieges. Der jüdische Rabbi Zvi-Elimelech Schönfeld war 31 Jahre alt, aber schien schon am Ende seines Lebens zu sein. Seine Frau und die drei Kinder waren bereits ermordet worden. Er selbst wog nur noch 38 Kilo und war kurz davor, im Konzentrationslager Auschwitz zu verhungern oder auch umgebracht zu werden.

Eines Tages wurde er zusammen mit einigen Mitgefangenen in ein Militärlager geschickt, um dort zu arbeiten.

Er erzählt selbst: »Wenige Tage nach unserer Ankunft in Brzece arbeitete ich gegen Abend in der Nähe der Unterkünfte, als jemand von drinnen an die Fensterscheibe klopfte und mich herbeiwinkte. Es war ein deutscher Offizier. »An diesem Fenster«, so begann er, »werde ich jeden Tag Brot liegen lassen. Kommen Sie nach Einbruch der Nacht, nehmen Sie es, und teilen

Sie es mit Ihren Freunden. Sie wissen wie ich, dass dies gegen die Vorschriften verstößt. Aber da ich sehe, dass Sie alle hungern und geschwächt sind, will ich versuchen, Ihnen zu helfen, so gut ich kann!«

Während der ganzen acht Monate in Brzece fand Schönfeld jeden Abend Brot und Lebensmittel auf der Fensterbank, die er mit seinen Kameraden teilte. So konnte er diese schrecklichen Jahre doch noch überleben.

Nach dem Krieg lebte Schönfeld lange in der Sowjetunion. Von dort durfte er schließlich nach Israel auswandern. In einem Buch über seine Erlebnisse unter den Nationalsozialisten schrieb er: »Jüdische Weisheit lehrt, dass Gott viele Boten hat. In den Lagern, wo ein Gramm Brot wertvoller war als irgend sonst etwas, sorgte er für mich durch die Hand eines Offiziers der Wehrmacht. Wenn dieser Fremde durch irgendeinen Zufall diese Zeilen liest oder von ihnen hört und sich als dieser Mensch erkennt, wäre es mir eine tiefe Genugtuung, ihm persönlich danken zu können.«

Ob der Offizier zu diesem Zeitpunkt noch lebte? Ob er sich jemals gemeldet hat? Ich weiß es nicht.

53. Ein Nachmittag an der See

Das Wetter ist wunderbar. Ein paar Stunden unterwegs sein am Wasser, was für ein Geschenk! Ich freue mich drauf. Was ich dort mache?

Ich gehe – langsam am Ufer entlang. Im Sand finden meine Füße nur mühsam Halt. Ich liebe das Gefühl, immer wieder wegzurutschen und dabei doch irgendwie die Balance zu halten. Der Himmel lacht blau herab.

Ich sehe – das Wasser zu meiner linken Seite. Es ist fast himmelblau. Wie ich das Wasser liebe! Über und neben mir fliegen die Möwen. Manchmal habe ich den Eindruck, sie wollen mit mir spielen und mich necken.

Ich laufe – ein paar Meter. Etwas unbeholfen, hier im Sand, aber ich brauche es. Laufen! So wie früher als Kind. Was bin ich damals gerannt, wenn ich von etwas besonders begeistert war. Ich bin gerannt und habe die Arme hochgerissen. Ob das heute noch geht? Ich versuche es. Meine Arme wedeln durch die Luft. Ich bin lebendig! Und völlig außer Atem.

Ich höre – mein Herz schlagen. Als wunderbare Hintergrundmusik rauscht das Wasser. Dazu schreien die Möwen. Was für eine großartige Symphonie!

Ich singe – leise und vorsichtig. Kurz schaue ich mich um. Kein Mensch ist in der Nähe. Schon singe

ich lauter. Mein Herz schlägt den Takt dazu. Das Meer begleitet mich. Und die Möwen verpassen den Einsatz. Ich singe ein Loblied auf den Schöpfer, der das Meer und den Himmel und die Möwen so wunderbar gemacht hat. Ich atme tief durch.

Ich rieche – das Salz in der Luft. Der Wind weht, und der Geruch des Meeres ist so verführerisch wie ein Kuss in den Dünen. Ich träume von einer Fahrt über das weite Meer hin zum Horizont. Ich träume? Ich muss mich auf den Boden setzen. Nur eine kleine Pause.

Ich sitze – wie verzaubert zwischen Wasser und Himmel. Der Boden ist hier ein wenig feucht. Es stört mich nicht. Ich würde mich auch ein paar Meter weiter ins Wasser setzen. Dieser Zauber!

Ich fühle – mich glücklich wie lange nicht mehr. Der Wind streichelt mich. Die Sonne bedeckt mich mit ihren Strahlen. Was für ein Glücksgefühl!

Ich springe – wieder auf. Dieses Glück! Ich springe hoch und bin schon wieder ein Kind. Oder das Kind ist in mir und darf endlich nach Lust und Laune herumtoben.

Ich tanze. – In der Ferne sehe ich Menschen. Ich tanze weiter. Das Kind in mir tanzt, und der Erwachsene tanzt zaghaft und dann immer ausgelassener mit.

Was ich gemacht habe, werde ich gefragt, als ich zurückkomme. Ich lächle breit, als hätte ich gerade

eben den Jackpot geknackt: »Ich bin spazieren gegangen.« Aber ich weiß, das war eine sehr kümmerliche Antwort. Ich hätte sagen sollen: »Ich habe alles gemacht, was du dir vorstellen kannst, und noch viel mehr. Ich bin gegangen, habe gesehen, bin gelaufen, habe gehört und laut gesungen, ich konnte riechen und sitzen, fühlen und springen und tanzen. Ich war glücklich. Und verrückt. Und ausgelassen. Was für ein Tag! Was für ein Ort! Was für ein Leben!«

54. Alte Freundschaften

Manchmal fehlen sie uns, die Freundinnen und Freunde aus vergangenen Zeiten, die Nachbarn von damals, die Kumpel und Kollegen. Es waren Menschen, die uns wichtig waren. Sie erinnern sich?

»Wie hieß sie noch, meine kleine Freundin in den ersten zwei Schuljahren? Ich versuche, mich zu erinnern. Der Name fing mit G an oder doch mit S? Ich bin mir nicht sicher. Aber ich weiß genau, dass wir denselben Heimweg hatten. Ich sehe noch vor mir, wie wir an der Weide standen und die Ponys streichelten. Manchmal kletterten wir über den Zaun, obwohl es uns streng verboten war, und fütterten die Pferde mit Mohrrüben, die wir zu Hause stibitzt hatten. Schade, sie ist dann mit ihren Eltern weggezogen. Ich habe nie wieder etwas von ihr gehört. Zuerst habe ich sie sehr vermisst.«

»Ich erinnere mich immer noch gern an meine erste Liebe! Wir waren beide noch nicht richtig groß, aber unsere Liebe dafür umso größer. Wir verbrachten fast unsere gesamte Freizeit zusammen und träumten auch nachts voneinander. Irgendwann ging es auseinander. Warum eigentlich? Es ist einfach geschehen. Das ist lange her, aber einen kleinen Platz in meinem Herzen hast du immer noch.«

»Unsere Clique im Studium war sozusagen ›all inclusive‹. Wir lernten zusammen und kochten reihum. Wir redeten über alles und feierten die genialsten Feste aller Zeiten. Ich weiß nicht, was ich ohne euch gemacht hätte. Es waren die verrücktesten Jahre meines Lebens. Mit zweien habe ich noch losen Kontakt, ein Anruf oder zu Weihnachten eine Karte, mehr nicht. Ich hätte früher nicht gedacht, dass ich ohne euch leben könnte.«

»Unsere ersten Nachbarn waren wie ein Hauptgewinn. Sie hatten wie wir kleine Kinder. Oft wussten wir gar nicht, ob die Kleinen bei uns oder drüben waren. Es war alles so unkompliziert. Wir lernten viel voneinander. Wir hatten einen ähnlichen Humor. Dann zogen wir fort und wussten sehr bald, dass gute Nachbarschaft nicht selbstverständlich ist.«

Ich denke an wunderbare Freunde und Kollegen, an die alte Hausärztin, den engagierten Lehrer unseres Sohnes, den lustigen Pfarrer, die Frau an der Käsetheke. Es ist lange her. Schade! Sie waren alle wunderbar!

Zum Glück habe ich heute neue Nachbarn und neue Freunde. Es sind neue Menschen in mein Leben getreten. Ich will den alten nicht nachtrauern, höchstens ein wenig. Aber ich will voller Dankbarkeit an sie denken und froh sein, dass sie mein Leben auf so unterschiedliche Weise bereichert haben.

55. Ihre ersten Geschenke

Eine ganz normale Geschichte? Am Anfang ihres Lebens wurde sie reich beschenkt. Sie bekam eine große Portion Lebensfreude und ganz viel Lachen und Fröhlichkeit. Sie wurde mit einer wunderbaren Leichtigkeit ausgestattet und lief und tanzte schon bald vergnügt durch ihre kleine Welt. Ihr wurde großes Vertrauen ins Leben mitgegeben, und sie freute sich über alle Menschen, die Zeit für sie hatten. Ihr wurde ein starker Abenteuergeist geschenkt und die unbändige Lust, jeden Tag etwas Neues zu entdecken, zu versuchen, zu sehen, zu fühlen und zu schmecken. Im Rückblick war es eine unbeschwerte, herrliche Zeit.

Doch mit den Jahren kamen andere Dinge in ihr Leben. Diese wurden ihr bald wichtiger als die ersten Geschenke. Es entwickelte sich der Wunsch, immer mehr zu haben und zu leisten, und zugleich die Sorge, alles wieder zu verlieren. Es kamen viel zu kostspielige Pläne und die Angst, irgendwann nichts mehr zu haben und nichts zu gelten. Sie pendelte hin und her zwischen viel zu hohem Druck und der Flucht in die absolute Trägheit. Schließlich zweifelte sie sogar an ihren Geschenken. Sie hielt sie nur noch für nette Träume oder für Kinderkram. Und ihre Seele trug Trauer.

Vielleicht war es ihre Seele, die sie schließlich wieder an ihre Geschenke und ihre vielen guten Gaben erinnerte. In ihr wuchs der Wunsch, die Geschenke aus der eigenen Tiefe wieder ans Tageslicht zu befördern. Voller Sehnsucht dachte sie an die Lebensfreude und die Abenteuerlust, die Leichtigkeit und das Vertrauen in ihre eigenen, guten Möglichkeiten. Sie dachte zurück an ihre unbändige Lust, mit allen Sinnen zu leben.

Da spürte sie, wie eine wunderbare Veränderung begann. Diese Lebensfreude und Leichtigkeit – wie hatte sie die vermisst!

56. Der dritte Versuch

Susanne war sauer auf Angela. Sie war tief verletzt. Wie es dazu gekommen war? Hier ist die Vorgeschichte:

Es passierte auf einer Feier. Angela hatte schon einiges getrunken und alberte mit anderen Gästen herum. Plötzlich kam die Rede auf Susanne. Es wurde gelästert. Zuerst ein wenig, dann mehr – und Angela machte mit. Sie wusste auch nicht, warum. Für sie war es nur ein Spaß. Doch als Susanne davon erfuhr, wurde es ernst. »Das hätte ich nie von dir gedacht. Ich dachte, du bist meine Freundin. Du bist für mich gestorben!«

Angela saß am Wohnzimmertisch und versuchte, einen Brief an Susanne zu schreiben. Einen Entschuldigungsbrief. Sie wollte die Sache gern wieder ins Reine bringen.

> *»Liebe Susanne,*
> *Du weißt, wir sind beide keine Engel, nicht wahr?*
> *Als ich neulich auf dem Sommerfest mit ein paar*
> *Frauen über Dich sprach, habe ich mich wohl*
> *unglücklich ausgedrückt. Und es wurde dann*
> *auch falsch zu Dir weitergetragen. Wenn es Dich*
> *gekränkt hat, tut es mir leid.*
> *Herzliche Grüße, Angela«*

Sie las die Zeilen mehrmals durch. Dabei stellte sie sich vor, sie würde selbst so einen Brief bekommen. Sie schluckte: »Eigentlich habe ich mich um eine Entschuldigung herumgemogelt.« Sie zerknüllte den Briefbogen und startete einen neuen Versuch.

> *»Liebe Susanne,*
> *ich weiß selbst nicht, wie es zu den verletzenden Worten über Dich gekommen ist. Ich kann mich kaum daran erinnern. Der Alkohol, die ausgelassene Stimmung, die vielen Menschen. Ich wollte Dich nicht verletzen. Tut mir leid.*
> *Herzliche Grüße, Angela«*

Als sie den Text noch einmal las, wurde ihr sofort klar: »So geht das auch nicht. Entweder stehe ich zu dem, was ich gesagt und getan habe, und entschuldige mich richtig, oder ich lasse es ganz. So kam es zum dritten Versuch.

> *»Liebe Susanne,*
> *ich habe Dinge über Dich gesagt, die Dir wehtun. Ich bin selbst über mich erschrocken. Ich verstehe, dass Du jetzt verletzt bist, und kann mich nur entschuldigen. Ich hoffe, Du wirst mir irgendwann verzeihen.*
> *Herzliche Grüße, Angela«*

»So ist es in Ordnung«, sagte sie zu sich selbst, »ich habe Mist gebaut, und dazu stehe ich.« Sie schickte den Brief an Susanne. Die meldete sich zwei Tage später. Sie nahm die Entschuldigung an.

Ein Grund zur Dankbarkeit, dass wir zu unseren Fehlern stehen dürfen. Schließlich sind wir alle Menschen, die auf Vergebung angewiesen sind.

57. Aphorismen

Der Einladung zu einem anregenden Abend in sehr gemischter Runde lag ein kleiner Zettel bei: »Ihr kennt doch sicher Aphorismen, kurze Sprüche, die Euch aus dem Herzen sprechen. Bringt bitte einen Spruch mit, den Ihr Euch als persönliches Lebensmotto vorstellen könntet. So kommen wir schnell miteinander ins Gespräch.«

Kirsten platzte schon vor der kurzen Vorstellungsrunde heraus: »Das hat richtig Spaß gemacht. Ich habe lange gesucht und tolle Zitate entdeckt. Irgendwann hatte ich meinen Spruch gefunden. Den habe ich auf eine Karte geschrieben und sie an unseren Kühlschrank geklebt.«

Der Gastgeber fragte Bodo, der zu seiner Rechten saß, ob er seinen Spruch vorstellen wollte. Der nickte und begann: »Ich bin oft so in meine Arbeit und die verschiedenen Projekte verbissen, dass ich mir kaum noch Zeit nehme, das Leben zu genießen. Deshalb habe ich diesen Spruch ausgesucht.« Er holte ein kleines Kärtchen hervor. »Entspanne dich. Lass das Steuer los. Trudle durch die Welt. Sie ist so schön«, stand darauf. »Von Kurt Tucholsky«, fügte Bodo an, »diese Worte werden mich bestimmt in Zukunft begleiten.«

Als Nächstes war Svenja an der Reihe. »Ich bin immer auf Achse und will Neues und Spannendes erleben. Ich reise schrecklich gern. Irgendwie bin ich wohl ständig auf der Suche nach dem Glück. Da passt dieser Spruch sehr gut.« Sie musste ein paar Mal schlucken, es ging ihr sichtlich nahe. »Wir mögen die Welt durchreisen, um das Schöne zu finden, aber wir müssen es in uns tragen, sonst finden wir es nicht. Das stammt von Ralph Waldo Emerson.«

Es schloss sich eine längere Diskussion darüber an, wo das Glück nun tatsächlich zu finden sei.

Jetzt meldete sich Samuel. »Ich würde gern meinen Spruch vorstellen. Ich muss gestehen, dass ich ein Problem damit habe, mit meinen Problemen richtig umzugehen.« Er lachte, weil er selbst bemerkt hatte, dass schon seine ersten Worte sehr problemfixiert waren. »Also, ich mag keine Probleme und habe oft Angst vor ihnen.« Er blickte sich um. Einige nickten und zeigten damit, dass es ihnen ähnlich ging. »Lebenskunst ist, Problemen nicht auszuweichen, sondern daran zu wachsen. Das stammt von Anax…« Er setzte die Brille auf. »Also, er stammt von Anaximander von Milet.« Er atmete tief durch. Dann lachte er. »Problem gelöst!«

Endlich kam Kirsten an die Reihe. Sie war schon ganz aufgeregt. »Ich habe es auch mit den Problemen, so wie Samuel. Und mit den Sorgen, die bei mir schnell riesen-

groß sind. Deshalb habe ich mir diesen Satz ausgesucht. Es ist eigentlich ein Gebet.« Sie atmete tief durch. »Gib mir die Gelassenheit, Dinge hinzunehmen, die ich nicht ändern kann. Gib mir den Mut, Dinge zu ändern, die ich ändern kann. Und gib mir die Weisheit, das eine von dem anderen zu unterscheiden. Das ist ein wunderbares Lebensmotto, finde ich. Es stammt von Friedrich Christoph Oetinger.«

Zum Schluss kam Anke an die Reihe. Sie war den ganzen Abend sehr still gewesen und machte einen traurigen Eindruck. »Kürzlich ist ein lieber Mensch gestorben. Heute frage ich mich, warum ich ihn nicht häufiger besucht habe. Ich meine, als er noch lebte. Jetzt weiß ich erst so richtig, was ich verloren habe.« Sie machte eine kleine Pause und wischte sich die Tränen weg. »An einem offenen Paradiesgärtchen geht der Mensch gleichgültig vorbei und wird erst traurig, wenn er verschlossen ist. Das stammt von Gottfried Keller.«

Noch lange sprachen sie über die Schätze, die ihnen vorgestellt wurden. Und sie stellten fest, dass ihnen jeder einzelne nach diesem langen Abend ans Herz gewachsen war.

58. So oder so

Es liegt lange zurück. Mit ein paar jungen Leuten war ich unterwegs zum Wandern in einem Mittelgebirge. Es war ein heißer, viel zu trockener Sommer. Eines Morgens zogen wir sehr früh ohne Gepäck von der Jugendherberge los zu einer Wandertour. Erst abends wollten wir wieder zurück sein. Wir waren nur leicht bekleidet. Allerdings achteten wir wegen der Sonne auf die richtige Kopfbedeckung. Wir hatten wirklich Glück, so ein Traumwetter!

Es ging gut voran. Wir mochten das Wetter. Für uns konnte es gar nicht warm genug sein. Bald fiel uns auf, dass die Wiesen nicht kräftig grün waren, sondern verbrannt und ausgedörrt, schließlich hatte es seit Wochen nicht mehr geregnet.

Am Nachmittag zogen plötzlich dunkle Wolken auf. Wir dachten uns zuerst nichts dabei. Doch bald fielen die ersten Regentropfen. Wenige Minuten später war der Himmel fast schwarz. Schon begann es zu prasseln und zu schütten.

Gerade da kamen wir an einem Bauernhof vorbei. Vor dem Eingang stand die ganze Familie, halb im Regen, und winkte fröhlich in alle Richtungen. Wir waren inzwischen völlig durchnässt und nahmen das

Winken als freundliche Einladung. Wir prusteten und schimpften und stolperten, bis wir das Haus erreicht hatten. Die Bauersleute lachten und baten uns herein. Sie brachten uns erst einmal trockene Handtücher. »Herzlich willkommen! Hier seid ihr sicher und trocken.«

Die Kinder der Familie standen immer noch draußen und winkten – zum Himmel. Das kam uns jetzt doch etwas sonderbar vor. Einer von uns sagte: »Schönen Dank, dass wir hier Schutz vor dem Regen finden dürfen. Wir haben aber auch ein Pech, in so ein schlechtes Wetter zu geraten.« In diesem Augenblick kamen die Kinder herein, klitschnass und strahlend vor Freude.

Wir blickten fragend zu den Eltern. Die lachten. »Seit Wochen hoffen wir auf Regen. Der Boden ist völlig ausgetrocknet. Jetzt sind wir so glücklich. Glücklich und dankbar! Deshalb das Winken draußen im Regen.«

Wir hatten unsere Lektion gelernt. So ist das manchmal im Leben – des einen Enttäuschung ist des anderen Glück. Die einen klagen, die anderen jubeln und winken zum Himmel.

59. Freudentänze

Ein guter Bekannter war für ein Jahr nach Brasilien gegangen und hatte in einem der ärmsten Viertel einer Riesenstadt in einer sozialen Einrichtung für Kinder und Jugendliche gearbeitet. Als er erst kurze Zeit wieder zu Hause war, erzählte er mir begeistert von seinen Erlebnissen in Südamerika. »Ich vermisse die Menschen.« Ich fragte, welcher Unterschied zwischen den beiden Welten ihm nach der Rückkehr zuerst aufgefallen sei.

Er grinste. »Nicht, was du denkst! Nicht die Armut, auch wenn sie dort sehr groß ist. Auch nicht die hygienischen Verhältnisse. Nicht einmal die Kleidung und die Sprache. Der größte Unterschied: Die Menschen dort sind unglaublich fröhlich. Sie können sich selbst über Kleinigkeiten unbändig freuen.«

Ich blickte ihn staunend an. »Das ist ja aufregend! Erzähl mir bitte von dieser Freude!«

Er strahlte, als würde er es gerade jetzt erleben: »Nach mehreren Tagen ohne Wasser floss an einer der Zapfstellen endlich wieder das ersehnte Nass. Du kannst dir nicht vorstellen, was da los war. Ein Jubel, ein wilder Tanz, eine riesige Freude.«

Er erzählte sofort weiter. »Einmal kam ein älterer, fast zahnloser Mann mit einer Gitarre. Er war kein

großer Sänger, aber er hatte gute Laune und ein offenes Lachen. Als er zu spielen begann, versammelten sich sofort viele Kinder um ihn und sangen begeistert mit. Ihre Augen leuchteten, und ihre Arme und Beine waren ständig in Bewegung.«

Er schaute auf die Uhr. »Jetzt habe ich völlig die Zeit vergessen. So ist mir das in Südamerika auch gegangen. Ich muss leider los. Aber eine Sache will ich schnell noch erzählen. Wenn die Kinder morgens zur Schule kamen, haben sie meistens gelacht und gejohlt und manchmal auch getanzt und gesungen. Einfach so! Pure Lebensfreude. Vielleicht auch deshalb, weil sie das Privileg hatten, eine Schule zu besuchen.«

60. Die erste Liebe

Sie war die erste Frau in meinem Leben.
In ihren Armen war es warm und gut.
Sie hat mit großem Herz sich selbst gegeben.
Die Liebe zu mir hatte sie im Blut.

Die erste große Liebe! Sie sorgte für mich. All inclusive! Sie tat, was ich wollte und brauchte. Sie hatte für mich alle Zeit der Welt. Sie saß an meinem Bett und kühlte das Fieber. Sie kochte mein Lieblingsessen. Sie konnte zaubern und küsste meine Wunden fort. Sie tröstete mich, wenn ich verzweifelt war. Ohne sie konnte und wollte ich nicht leben. Niemals!

Niemals? Ich wuchs heran und wurde erwachsen. Ich hatte inzwischen gelernt, selbstständig zu sein – wohl auch mit ihrer Hilfe. Jetzt sah ich vieles im Leben aus einer anderen Perspektive: kritisch – auch sie. Sie war längst nicht mehr die große Liebe. Ich habe sie verlassen. Und sie ließ es zu. Vielleicht nicht ganz freiwillig. Vielleicht wollte sie mich festhalten. Oder? Vielleicht wollte sie es mir gerade dadurch leichter machen.

Ich wusste inzwischen genau, wie das Leben läuft. Sie, meine erste große Liebe, gehörte zur alten Zeit. Sie wusste nicht viel über das Leben heute. Nicht so viel

wie ich. Und sie hat mir leider gar nicht gutgetan, fand ich in psychologischer Kleinarbeit heraus: Sie hatte mir vieles verboten, was ich gern getan hätte. Sie war viel zu streng. Sie hatte meine Wünsche nicht erfüllt. Und ich war nicht ihr Ein und Alles, wie ich es früher erwartet hatte. Es gab Konkurrenz, und die wurde besser behandelt als ich. Sie hat mir nicht gutgetan. Ich hatte mein Urteil über sie gefällt.

Es dauerte lange, bis ich sie endlich als »normalen« Menschen sehen konnte. Ich begann zu verstehen, dass sie wie alle anderen ihre eigene Geschichte hat, ihre eigenen Verletzungen, ihre eigenen Fragen und Unsicherheiten. Mir wurde deutlich, dass sie ein Recht auf eigene Träume und ein eigenes Leben hat – und dass sie für mich auf vieles davon verzichten musste.

Schließlich wurde mir die Liebe zu ihr wiedergeschenkt. Nicht mehr die große, die einzige Liebe, sondern die Liebe zu der Frau, die mir das Leben geschenkt hat. Zu der Frau, die so vieles für mich getan hat: geliebt, gebangt, gewartet, gehofft, verziehen. Sie hat getan, was sie konnte. Manchmal auch mehr!

Heute sehe ich ihr Lachen und ihre Tränen, wenn ich an sie denke. Ich sehe ihr großes Herz. Und ich spüre eine große Dankbarkeit.

61. Alles ist gut

Manchmal kam es anders,
als ich es mir gewünscht hätte.
Aber so war es gut.
Es war schwerer, als ich dachte.
Aber so war es gut.
Es dauerte länger,
als ich erwartet hatte.
Aber so war es gut.

So wie es war, war es gut.
Es war Leben und Anstrengung,
es war immer eine intensive Zeit.

Oft wurde es schöner,
als ich es mir ausgemalt hatte.
So war es gut.
Es war leichter, als ich dachte.
So war es gut.
Es ging schneller als erwartet.
So war es gut.

Morgen wird es anders sein,
als ich es mir heute vorstelle.
So wie es kommt, ist es gut.
Es wird schwerer oder leichter sein.
So wie es ist, ist es gut.
Es dauert länger, oder es geht schneller.
Und alles ist gut.

Das Leben ist gut,
weil es das Leben ist –
wunderbar, verrückt,
aufregend, herzzerreißend
und immer lebendig.

62. Meine Lieblingsstunde

Was ist Ihre Lieblingsstunde? Es müssen nicht sechzig Minuten sein. Zehn oder zwanzig oder dreißig Minuten zählen auch. Vielleicht früh am Morgen, wenn es langsam hell wird? Oder dann, wenn die Sonne am höchsten steht? Erzählen Sie doch mal.

»Meine Lieblingsstunde ist am Nachmittag. Dann darf ich bereits auf einen gefüllten Tag zurückblicken und freue mich gleichzeitig auf das, was noch kommt. Erst einmal gönne ich mir einen Kaffee oder einen Tee und genieße die kleine Pause. Was für ein Glück! Dann geht es weiter – Arbeit oder Freizeit, eine Verabredung oder eine interessante Veranstaltung. Und vielleicht wartet heute ein romantisches Essen bei Kerzenschein auf mich.«

»Meine Lieblingsstunde ist die Zeit morgens, bevor der Wecker klingelt. Oft sind es nur ein paar Minuten. Ich drehe mich noch einmal genüsslich im Bett um. Oder ich gehe zum Fenster und schaue hinaus. Vielleicht nehme ich mir Zeit für ein Gebet. Oder ich gehe barfuß in den Garten. Oder ich gönne mir schon den ersten Kaffee. Ich finde es schade, wenn ich diese Zeit verpasse und erst beim Klingeln des Weckers aufwache!«

»Meine Lieblingsstunde ist die Zeit, in der ich zu Fuß unterwegs bin – bei einem Spaziergang, einer Wanderung oder beim Joggen. Das kann zu völlig unterschiedlicher Zeit geschehen. Deshalb sage ich über meine Lieblingsstunde: Sie ist variabel. Manchmal verzichte ich auf dem Weg zur Arbeit auf den Bus und marschiere los, immer mal eine andere Strecke. Dann wieder verabrede ich mich in der Mittagspause zu einem Spaziergang. Und besonders gern ziehe ich los, wenn es schon dunkel ist und unser Ort langsam zur Ruhe kommt.«

»Meine Lieblingsstunde ist die Zeit, bevor ich mich schlafen lege. Ich denke voller Dankbarkeit an den Tag zurück. Ich genieße ein entspanntes Gespräch. Ich lese noch eine gute Geschichte. Ich schließe die Augen und freue mich über die Bilder, die kommen.«

Sie können sich nicht entscheiden, welches Ihre Lieblingsstunde ist? Müssen Sie auch nicht. Zum Glück dürfen wir an jedem Tag ganz viele verschiedene Lieblingsstunden haben.

63. Das Trampolin

Seit vielen Jahren liebe und nutze ich mein Trampolin. Meistens springe ich am Morgen eine Zeit lang darauf. Nein, springen ist der falsche Ausdruck. Ich schwinge darauf. Ohne große Anstrengung, ohne Druck. Ich schwinge dabei, ohne »in die Luft zu gehen« und die Matte zu verlassen. Ich schwinge auf und ab, auf und ab.

Schon lange ist die Zeit auf dem Trampolin für mich so etwas wie Meditation. Ich konzentriere mich auf den Rhythmus des Auf und Ab. Ich schwinge und lebe im Rhythmus des Lebens. Denn auch mein Leben ist schließlich eine Abfolge von Auf und Ab, von Auf und Ab …

Dabei denke ich oft an einen alten, wunderbaren Text aus der Bibel, der diesen Rhythmus auf poetische Weise beschreibt:

> *»Alles im Leben hat seine Zeit,*
> *und alles Geschehen unter dem Himmel*
> *hat seine Stunde.*
> *Geboren werden hat seine Zeit, und*
> *Sterben hat seine Zeit.*
> *Pflanzen hat seine Zeit, und Ernten hat seine Zeit.*
> *Töten hat seine Zeit, und Heilen hat seine Zeit.*

Abreißen hat seine Zeit, und Bauen hat seine Zeit.
Weinen hat seine Zeit, und Lachen hat seine Zeit.
Klagen hat seine Zeit, und Tanzen hat seine Zeit.
Steine wegwerfen hat seine Zeit, und
Steine sammeln hat seine Zeit.
Umarmen hat seine Zeit, und Aufhören,
sich zu umarmen, hat seine Zeit.
Suchen hat seine Zeit, und Verlieren hat seine Zeit.
Behalten hat seine Zeit, und
Wegwerfen hat seine Zeit.
Zerreißen hat seine Zeit, und
Zunähen hat seine Zeit.
Schweigen hat seine Zeit, und
Reden hat seine Zeit.
Lieben hat seine Zeit, und Hassen hat seine Zeit.
Krieg hat seine Zeit, und Frieden hat seine Zeit.
Gott hat alles zu seiner Zeit wunderbar gemacht.
Und er hat die Ewigkeit in die Herzen
der Menschen gelegt.«

(vgl. Prediger Salomo / Kohelet 3,1-8 und 11a)

64. Hoher Besuch

Sie lebte im Luxus und hatte schon viel von der Welt gesehen. Jetzt war sie für einige Jahre in die fremde Hauptstadt gekommen. Ihr Ehemann vertrat dort als Botschafter sein und ihr Heimatland.

Nun war es für sie auf Dauer nicht interessant genug, als Promigattin auf verschiedenen Empfängen an edlen Häppchen zu knabbern und nett zu plaudern. Sie wollte auch das eine oder andere ungewöhnliche Abenteuer erleben.

Wie es dann dazu kam, dass sie im Winter für einige Wochen ehrenamtlich in der Obdachlosenunterkunft einer sozialen Organisation mitarbeitete, weiß ich nicht. Vielleicht hatte sie jemand dazu überredet, sich auf ein Abenteuer der völlig anderen Art einzulassen. Und vielleicht würde dabei ja auch etwas von ihrem Glanz auf die soziale Einrichtung fallen.

So kam es, dass sie abends für die Obdachlosen Essen austeilte, dass sie Toiletten reinigte, Betten machte und trotz ihrer geringen Deutschkenntnisse immer wieder persönlichen Kontakt zu den Hilfe suchenden Gästen fand.

Wie im Fluge vergingen für alle hier die Wochen mit der Frau des Botschafters. Am letzten Tag ihres »Praktikums« gab es eine kleine Abschiedsfeier im Kreis der

Ehren- und Hauptamtlichen. Mit einem Glas Sekt stießen sie an und bedankten sich bei dem hohen Gast dafür, dass sie mitgearbeitet und sich für so einfache Tätigkeiten hergegeben hatte. Was für eine Ehre für die Organisation!

Die Frau des Botschafters wirkte nachdenklich und sagte nicht viel. Ihren letzten Satz brachte sie nur noch unter Tränen heraus: »Zum ersten Mal in meinem Leben habe ich etwas Sinnvolles getan!«

65. Fremde Schuhe

Wenn wir über einen bestimmten Menschen sagen: »Er ist mir ein totales Rätsel. Ich verstehe ihn überhaupt nicht!«, dann ist das wenigstens ehrlich. Viel häufiger kommt es allerdings vor, dass wir über jemanden urteilen, obwohl wir ihn in Wirklichkeit nicht verstehen und kaum etwas über seine wahren Beweggründe wissen.

Sicher kennen Sie den folgenden Spruch, der aus der indianischen Tradition stammt: »Urteile nie über einen anderen, bevor du nicht einen Mond lang in seinen Mokassins gelaufen bist.«

Ich liebe es, einen Menschen näher kennenzulernen. Damit meine ich nicht nur seine Lieblingsbiersorte und seine Automarke, seine Hobbys und seinen Fußballverein. Ich meine seine tiefsten Gedanken und Gefühle, seine Träume, Verletzungen und Hoffnungen.

In den Schuhen des anderen gehen, das heißt: Ich »setze« mich in ihn hinein. Ich bin auf seiner Seite. Ich teile, was ihm wichtig ist. Ich versuche, ihn zu verstehen. Ich lasse mich ein auf seine Art zu denken und zu fühlen. Ich sehe das Leben durch seine Brille. Und dabei lerne ich eine völlig neue Welt kennen, seine Welt.

Nach so einer intensiven »Wanderung« haben wir uns verändert, wir beide. Keiner von uns wird mehr abfällig über den anderen reden. Auch wenn wir unterschiedlicher Meinung sind, werden wir eine Auseinandersetzung mit dem anderen voller Respekt führen.

Da fällt mir der »Nachbarschaftskrieg« bei uns in der Stadt ein. Es gab regelmäßig Streit und Ärger und Vorwürfe zwischen zwei »Rechthabern« – wegen Nichtigkeiten. Das dauerte bis zu dem Schneechaos. Da schaufelten sie gemeinsam in stundenlangem Einsatz Eingänge und Autos frei. Hinterher blickten sie bei ein paar Gläsern auf ihr »Rettungswerk« zurück. Der Krieg war abgeblasen.

Ich bin dankbar dafür, dass ich schon oft in fremden Schuhen gehen durfte. Ich weiß, es werden nie meine eigenen Schuhe sein. Aber sie sind mir nicht länger fremd, sie sind mir vertraut. Und vor dem, was mir vertraut ist, habe ich auch keine Angst mehr.

66. Dankbarkeit im Wechsel

Die ersten Geburtstagsgäste wurden erst in zwei Stunden erwartet. Aber alles war bereits fertig vorbereitet. Sandra, das Geburtstagskind, saß mit Pitt, ihrem Liebsten, im Wohnzimmer. Sie unterhielten sich angeregt über das vergangene Jahr. Plötzlich sagte Sandra: »Eigentlich geht es uns doch ganz gut, und wir können für vieles in unserem Leben dankbar sein, findest du nicht auch?«

Pitt lächelte vielsagend. »Nicht nur eigentlich! Ich finde, wir haben tatsächlich allen Grund dazu.« Da hatte Sandra eine Idee. »Lass uns ein Spiel daraus machen. Ich sage etwas, wofür ich dankbar bin. Danach sagst du etwas, wofür du dankbar bist. Und dann wieder ich ...«

Sandra begann: »Ich bin dankbar für unsere Liebe.« Dabei strahlte sie Pitt herausfordernd an, während er zustimmend nickte und wohlwollend schmunzelte.

»Ich bin dankbar für deinen Geburtstag. Dafür, dass du geboren bist und dich über dein Leben freust.«

Jetzt war es Sandra, die schmunzelte. »Das sind ja gleich mehrere Dinge, für die du dankbar bist. Ich bin wieder dran. Ich danke dafür, dass die Kastanie vor unserem Haus so schön blüht.«

»Ich danke für meinen neuen Job. Ich bin sehr froh,

dass ich denen auf gut Glück eine Bewerbung geschickt habe.«

Sandra dachte kurz nach, dann setzte sie fort: »Ich bin dankbar für unsere Gäste, die wir heute erwarten. Jetzt könnte ich jeden Einzelnen aufzählen. Aber das lasse ich lieber. Also, ein großes Danke für alle zusammen.«

In diesem Augenblick klingelte es an der Tür, und das »Spiel der Dankbarkeit« wurde erst einmal abgebrochen. Mehrmals während der Feier, die bald danach begann, blinzelten die beiden sich zu. Ein Blinzeln gab es, als Sandra sich für ein Buchgeschenk bedankte, über das sie sich besonders freute. Und das zweite Blinzeln gab es, als Sandras Mutter erzählte, wie dankbar sie für ihre Gesundheit war.

Das »Spiel« der Dankbarkeit wurde übrigens für beide zu einem festen Ritual. Noch oft erinnerten sie sich lächelnd an den Geburtstag, damals, als es begann.

67. Sieben lange Meilen

Der Tag vergeht,
es kommt die Nacht –
nebenan wird noch gelacht.
Der Regen fällt,
die Sonne scheint –
unter uns wird leis geweint.
Stille Tränen,
tiefes Glück,
Lieben heißt,
dass wir ein Stück
unsres Weges teilen,
sieben lange Meilen.

Der eine kommt,
der andre geht,
einmal kommst auch du zu spät.
Mal geht es ab,
dann wieder auf,
Segen für den Lebenslauf.
Stille Tränen,
tiefes Glück,
Lieben heißt,
dass wir ein Stück
unsres Weges teilen,
sieben lange Meilen.

Ein Freudenfest,
Musik erschallt,
lange durch die Vorstadt hallt.
Zum Abschied noch
ein letztes Mal
von dem Berg hinab ins Tal.
Stille Tränen,
tiefes Glück,
Lieben heißt,
dass wir ein Stück
unsres Weges teilen,
sieben lange Meilen.

68. Noch einmal leben

Wenn ich noch einmal leben könnte, würde ich mehr Fehler machen und viel lockerer und humorvoller sein.« Vielleicht haben Sie auch schon irgendwo so eine »Wenn-Liste« entdeckt und beim Lesen Ihr eigenes Leben hinterfragt. Es gibt inzwischen etliche solcher Listen in verschiedenen Versionen. Besonders eindrucksvoll erscheinen sie, wenn sie angeblich von einem Menschen stammen, der sehr krank oder schon sehr alt ist.

Hört es sich nicht rührend an, wenn eine sehr alte Frau oder ein steinalter Mann meint, »ich würde öfter die Schule schwänzen, häufiger Karussell fahren, den ganzen Sommer über barfuß laufen und mehr Eis essen«? Vielleicht sagen wir, da hat wohl jemand Sehnsucht nach seiner »verlorenen Kindheit«? Vielleicht sagen wir aber auch traurig: »Schade, dass du das alles versäumt hast. Jetzt ist es leider zu spät.«

Ich bin dankbar dafür, dass es für Sie und für mich noch nicht zu spät ist. Egal, wie alt wir sind – es gibt immer noch die Möglichkeit, einiges in unserem Leben anders zu machen als bisher. Gern würde ich von Ihnen wissen, was Sie anders machen wollen. Nicht in einem zweiten Leben, sondern jetzt und heute.

Vielleicht würden Sie zuerst an die vielen Sorgen

denken, mit denen Sie sich das Leben oft schwer gemacht haben? Etwas mehr Leichtigkeit würde Ihnen bestimmt guttun.

Oder Sie sehen vor Ihrem inneren Auge, wie ernst und humorlos Sie oft sind? Sie stellen sich vor, Sie würden stattdessen lächeln und Freude ausstrahlen – was für ein wunderbares Bild und was für ein lohnendes Ziel.

Vielleicht haben Sie zu oft darauf geachtet, was die anderen sagen? Sie wollten nichts falsch machen und von allen geachtet und vielleicht sogar geliebt werden. Viel lieber würden Sie Ihren eigenen Weg gehen und Dinge tun, die in den Augen der anderen schräg oder unvernünftig erscheinen.

Vielleicht ist Ihr Leben in Routine erstarrt? Sie gehen tagein, tagaus dieselben Wege, tun dieselben Dinge und treffen dieselben Menschen. Dabei hätten Sie große Lust, mal ganz anders zu leben und völlig neue Erfahrungen zu machen.

Wie gut, dass es nicht zu spät ist! Weder für Sie noch für mich.

69. Wo ich gern bin

Wie schön, dass ich mich in meiner Wohnung wohlfühle! Ich habe sie nach meinem Geschmack eingerichtet und kann mich hier wunderbar entspannen. Ich freue mich, Gäste zu empfangen und hinterher alle viere von mir zu strecken.

Ja, ich bin sehr gern in meiner Wohnung. Aber ich bin kein Anhänger von »Cocooning«, davon, sich vor der großen Welt in seine Wohnung zu flüchten und die ganze Freizeit dort zu verbringen. Zum Glück gibt es etliche andere Orte, die ich oft besuche. Hier sind einige meiner Lieblingsorte. Dort bin ich immer wieder gern.

Mir fällt die Holzjurte am Wanderweg durch das Moor ein. Bei meiner ersten Wanderung dort regnete es in Strömen. Die Jurte war meine Rettung. Dort konnte ich trocknen, in Ruhe abwarten und das wilde Schauspiel draußen beobachten und genießen. Was für ein Glücksgefühl! Wenn ich heute dort vorbeikomme, dann kann gern die Sonne scheinen – ich kehre trotzdem ein an meinem Zufluchtsort, hole etwas zu trinken aus meinem Rucksack und sage: »Prost, schön, mal wieder hier zu sein!«

Ich liebe die große Buchhandlung bei uns im Ort. Wenn ich dort gemütlich stöbere, dann ist mir, als würde ich der weiten Welt begegnen – dem großen Abenteuer und der unbekannten Ferne, der Welt der Träume und Illusionen, der Welt der Worte und Töne, der Fakten und Gefühle, der Welt der Verzweiflung und der Liebe. Ein Besuch in der Buchhandlung ist wie das Öffnen einer großen Schatzkiste.

In meinem Lieblingscafé werde ich wie ein alter Freund begrüßt. Ich finde, das passt. Ich kann dort in Ruhe nachdenken, ganz für mich allein. Ich kann aber auch das Gespräch suchen und finde immer jemanden, der mit mir philosophiert. Ich mag die Menschen dort und die besondere Atmosphäre. Und der Kaffee schmeckt richtig gut!

Ich bin gern in der kleinen Kirche. Ich freue mich auf jede neue Ausstellung im Museum. Ich mag den Garten von Anna, in dem so tolle Feste gefeiert werden. Ich liebe den Park und den Sportplatz und …

Danke für alle Orte, an denen ich gern bin und wo ich mich so richtig wohlfühle!

70. Ich kann nicht mehr!

Drei Stunden lang hatte er im Garten gehackt und gegraben – und das bei dieser Hitze! Der Versuchung, aufzugeben, hatte er die ganze Zeit widerstanden. Schließlich sollte der Garten für die große Pflanzaktion am nächsten Wochenende vorbereitet sein.

Jetzt stand er auf den Spaten gelehnt und wischte sich mit großer Geste den Schweiß von der Stirn. »Ich kann nicht mehr!«, sagte er laut zu sich selbst. Aber das hörte sich kein bisschen wehleidig an. Eher so, als wäre ein Spitzensportler nach dem Sieg stolz auf seine Leistung. »Ich kann nicht mehr!«, sagte er noch einmal und lächelte dabei zufrieden. »Jetzt etwas trinken und dann die Beine hochlegen!« Er war glücklich wie schon lange nicht mehr.

Seit Wochen hatte sie intensiv an der Examensarbeit geschrieben. Während der letzten Tage hatte sie kaum noch geschlafen. Der Termin musste unbedingt eingehalten werden! Der Kaffeevorrat war aufgebraucht.

Jetzt packte sie alles in einen großen Briefumschlag und blickte auf die Uhr. »Gerade noch rechtzeitig, bevor die Post schließt.« Eilig machte sie sich auf den Weg. Sie war etwas wackelig auf den Beinen, aber das nahe Ziel vor Augen gab ihr noch einmal einen gro-

ßen Pusch. In der Warteschlange dachte sie: »Ich glaub, ich kann nicht mehr!« Als sie jedoch zehn Minuten später den Stempel auf dem Einlieferungsschein hatte, atmete sie tief durch. Sie konnte doch noch. Voller Freude sprang sie noch auf der Post in die Luft und rief: »Geschafft!«

Die Zeugen ihrer sportlichen Aktion klatschten Beifall, ohne zu wissen, worum es eigentlich ging.

Der Umzug in die neue Wohnung hatte all ihre Kräfte gefordert. Jetzt standen sie zwischen lauter ungeöffneten Kisten und blickten sich an. »Ich kann nicht mehr!«, flüsterte sie. »Ich auch nicht!«, gab er zurück. Sie schauten sich in der Wohnung um, von der sie so lange geträumt hatten.

Sie lächelte: »Ich bin am Ende!« Er grinste: »Das war ein Tag!« Dann lagen sie sich in den Armen und ließen sich erst einmal nicht mehr los – so, als würden sie sich gegenseitig festhalten. Sie lachten und prusteten im selben Augenblick los: »Wir haben es geschafft!«

71. Das ist nicht mein Blick

Ich will mir nicht einreden lassen,
dass immer mehr Menschen
nur an sich selbst denken.
Ich will keine Berichte sammeln
über Hass und Streit,
zwischen wem auch immer.
Das ist nicht mein Blick.
Ich bin froh, dass ich so viele
liebevolle Menschen kenne.

Ich will mir nicht einreden lassen,
dass die Menschen seit Jahren
immer unfreundlicher werden.
Ich will nicht das Negative suchen.
Das ist nicht mein Blick.
Ich bin froh, dass ich so viele
freundliche Menschen kenne.

Ich will mir nicht einreden lassen,
dass es immer mehr Menschen gibt,
die langweilig und farblos sind.
Ich will niemanden beurteilen.
Das ist nicht mein Blick.
Ich bin froh, dass ich so viele
interessante Menschen kenne.

Ich will mir nicht einreden lassen,
dass es Menschen gibt,
die weniger wert sind als andere.
Ich will nicht einteilen
in gut und schlecht,
in brauchbar und unbrauchbar,
in wertvoll und wertlos.
Das ist nicht mein Blick.
Ich bin froh, dass ich nur
wertvolle Menschen kenne.

72. Das schwarze Bild

Manchmal verurteile ich jemanden oder werte eine Sache ab, fest davon überzeugt, dass meine Meinung oder mein Blick richtig ist. Wenn ich mich später eines Besseren belehren lassen muss, dann schäme oder ärgere ich mich über mich selbst. Zum Glück kann ich aus solchen Erfahrungen lernen. Ich lerne, immer auch die andere Seite zu hören und mir Zeit zum Nachdenken und Nachfühlen zu nehmen. Ich bin dankbar, dass ich mein Leben lang dazulernen und meinen Blickwinkel erweitern kann.

Bei einem Besuch vor etlichen Jahren in New York hatte ich auch die Möglichkeit, das berühmte Museum of Modern Art zu besichtigen. Ich wusste aus eigener Erfahrung, dass viele Kunstliebhaber glänzende Augen bekommen, wenn von diesem Museum die Rede ist. Ich war gespannt, was mich dort erwarten würde.

Manche der Bilder oder Exponate sprachen mich spontan an, vor anderen blieb ich kopfschüttelnd oder ein wenig ratlos stehen.

Dann entdeckte ich ein Gemälde, das einfach nur schwarz war. Nirgends schimmerte das Weiß der Leinwand durch. Der Maler hatte alles sauber ausgemalt, so schien es mir. Ein schwarzes Bild.

Ich stand davor und ärgerte mich. »Da hat es sich

aber jemand leicht gemacht!«, dachte ich. »Das ist doch keine Kunst. Das könnte ich auch!«

Verärgert und fast etwas aggressiv setzte ich meinen Rundgang fort. Doch auf die folgenden Kunstwerke konnte ich mich kaum noch richtig konzentrieren. Zu sehr arbeitete der Ärger über das schwarze Bild in mir.

Als ich von der Amerikareise zurückgekehrt war, traf ich einen guten Freund, der Kunst und Design studiert hatte. Interessiert erkundigte er sich nach meinem Besuch in dem Museum für Moderne Kunst, einem seiner Lieblingsmuseen.

Ich spürte sofort, wie mein Ärger wieder hochkam, und erzählte ihm von dem Bild und meiner Reaktion darauf. »Einfach nur schwarz, nichts weiter«, schloss ich meinen erzürnten Bericht.

»Was hast du sonst noch in dem Museum gesehen?«, fragte er weiter.

»Daran kann ich mich gar nicht erinnern. Ich empfand das Bild als Frechheit. Da konnte ich an nichts anderes mehr denken.«

Seine Reaktion überraschte mich. Er lächelte mich an und sagte fast spitzbübisch: »Das ist wohl der größte Traum jedes Künstlers, dass unter all den Werken eines berühmten Museums allein sein Werk in Erinnerung bleibt. Das muss dich ja sehr fasziniert haben, das schwarze Bild!«

Zuerst wollte ich empört antworten. Doch dann schluckte ich meinen Widerspruch hinunter. Hatte er nicht vielleicht recht mit seiner Sichtweise?

Mit einem Augenzwinkern fügte er noch hinzu: »Und nächstes Mal, wenn dir das bei einem Bild passiert, wartest du ab, bis der Ärger verflogen ist. Dann wendest du dich einfach dem Bild neu zu, schaust genau, fühlst genau und wartest, was zwischen dir und dem Bild geschieht!«

73. Wachstum

Ich kann mich noch gut an die Striche am Türrahmen erinnern. Alle paar Wochen oder Monate stellte ich mich mit dem Rücken an den Rahmen, meine Mutter legte ein großes Buch auf meinen Kopf, genau waagerecht – und ein neuer Strich entstand. So konnte ich sehen, dass ich wieder ein Stück gewachsen war.

Viele Jahre lang kamen immer neue Striche hinzu. Ich bin ordentlich gewachsen während meiner Kindheit und Jugend. Doch irgendwann war es vorbei. Der oberste Strich blieb der letzte.

Ich bin froh, dass ich auch ohne neue Striche weiter wachsen kann. Mein Leben lang wachse ich weiter, wenn auch auf höchst unterschiedliche Weise. Das geht nicht nur mir so – wir alle erleben das.

Viele unserer Gaben und Fähigkeiten haben wir erst als Erwachsene entdeckt. Vielleicht singen wir seit kurzer Zeit voller Enthusiasmus und erfreuen uns an unserer eigenen Stimme. Als Kind hatten wir die Freude am Singen früh verloren, nur weil irgendjemand gesagt hat: »Gib es auf! Du kannst überhaupt nicht singen!«

Vielleicht haben wir als Erwachsene unser Interesse an alter Geschichte entdeckt, am Kochen oder an Gymnastik – alles Bereiche, von denen wir in der Jugend nichts wissen wollten.

Sicher hat sich unser Geschmack weiterentwickelt. Wir hören andere Musik als früher, wir tragen andere Kleidung und haben uns vielleicht zu begeisterten Feinschmeckern entwickelt. Wir lesen Bücher, die uns früher gelangweilt hätten. Wir lieben moderne Kunst – auch wenn es dorthin ein langer Weg mit vielen Umleitungen war.

Vielleicht sind wir gerade dann am stärksten gewachsen, als dunkle Wolken über unserem Leben standen. Vielleicht hat die Zeit des Abschieds und der Trauer uns neu gezeigt, wie kostbar das Leben ist. Da haben wir uns selbst besser kennengelernt und mehr Verständnis für die Fragen und Nöte unserer Mitmenschen entwickelt.

Vielleicht ist auch unsere Dankbarkeit gegenüber dem Leben größer geworden. Vieles von dem, was uns früher selbstverständlich schien, wissen wir heute sehr zu schätzen.

Wir haben längst aufgehört, Striche am Türrahmen zu hinterlassen. Wir haben unsere endgültige Körpergröße erreicht. Doch vielleicht sollten wir wieder damit anfangen: Für jedes »Danke« in unserem Leben ein Strich. Da ist noch Luft nach oben.

74. Selbstversuch

Eine ältere Dame, die allein in der Großstadt lebte, erzählte mir einmal von ihrem »Selbstversuch«, wie sie es nannte. Als sie das Wort aussprach, schenkte sie mir ein herausforderndes, fast ein wenig freches Lächeln, so als hätte sie von etwas gesprochen, was verboten – aber gerade deshalb besonders reizvoll ist.

Nach dem Tod ihres Mannes, so begann sie ihren Bericht, habe sie lange unter dem schweren Verlust gelitten. Die Trauer wurde von dem schmerzhaften Gefühl abgelöst, einsam und allein zu sein. Sie kannte kaum Menschen hier und sehnte sich doch so sehr nach menschlicher Wärme und Gemeinschaft.

Sie nahm sich vor, Kontakte zu knüpfen. Doch meistens schreckte sie im letzten Augenblick davor zurück, fremde Menschen anzusprechen. Sie tröstete sich dann mit Ausreden wie: »Beim nächsten Mal bin ich mutiger!«

Irgendwann hielt sie es nicht mehr aus. Da kam ihr die Idee zu ihrem »Selbstversuch«: Sie fasste den Vorsatz, in Zukunft an jedem Tag einen neuen Menschen kennenzulernen. Oder wenigstens jemanden anzusprechen. Oder ihm zuzulächeln.

Sie strahlte, als sie von ihren »Erfolgen« berichtete. So setzte sie sich ab und zu ins Café um die Ecke. Dort war es gar nicht schwer, mit fremden Menschen ins Gespräch zu kommen. Bald konnte sie nicht nur ihren Kaffee mit ganz viel Sahne genießen, sondern auch ihre kleinen »Erfolge«.

Besonders »erfolgreich« war sie bei verschiedenen Ausstellungen. Vor einem interessanten Kunstwerk, erzählte sie, ließen sich oft die besten Gespräche beginnen. Mit einer Frau, die sie auf diese Weise kennengelernt hat, besuchte sie inzwischen regelmäßig die Galerien und Museen der Umgebung.

Sie machte tatsächlich ihren Vorsatz wahr, jeden Tag einen fremden Menschen anzusprechen. Nur einmal sah es so aus, als hätte sie es verpasst. Was tun? Sie ging am Abend extra noch einmal in den Supermarkt. Dort sprach sie ein jüngeres Paar an: »Entschuldigung, ich habe meine Brille vergessen, können Sie mir sagen, was die Dose Erbsen kostet?«

Seit sie mit ihrem Selbstversuch begonnen hatte, durfte sie sich immer wieder über zahlreiche wunderbare Begegnungen freuen. Nur im Café um die Ecke bekam sie langsam ein Problem: Es wurde von Woche zu Woche schwieriger, dort einen »fremden« Menschen zu finden.

75. Urlaub

Gemütlich sitze ich in meiner Ecke. Ich genieße die freie Zeit. Ich sitze da und denke nach. Ich könnte ja … Schon bin ich am Bücherregal und ziehe ein abgegriffenes Buch hervor. Das war doch …

Ich öffne es. Alles darin ist von uns persönlich von Hand geschrieben, dazu lauter eingeklebte Bilder und Ausschnitte aus Prospekten – das Buch dokumentiert unsere erste große Reise nach der Hochzeit.

Ich beginne zu träumen. Plötzlich stehe ich in unserem Zimmer im 16. Stockwerk eines Hotels. Ich gehe hinüber zum Fenster, mir wird ein herrlicher Blick über die Metropole geschenkt. Ich erlebe einen berauschenden Musicalabend, einen ausgedehnten Spaziergang durch den großen Park, einen berührenden Gospelgottesdienst …

Was für ein schöner Traum! Ein Traum? Ich habe das alles tatsächlich erlebt. Was für eine tolle, unvergessliche Reise! Was für ein großes Geschenk!

In mir öffnen sich Türen zu weiteren wunderbaren Reisen. Ich sehe uns mit den Kindern, wie wir an der Ostsee über die Felsen laufen und springen. Die Kinder sind begeistert. Sie lieben das »Steinehoppeln«, wie sie es nennen. Wir sind den ganzen Tag an der frischen

Luft und genießen die Weite und Freiheit hier am Wasser.

Eine Tür öffnet sich zu unserem Urlaub auf einem Winzerhof. Wir wandern bei herrlich blauem Himmel durch die Weinberge, am Fluss entlang hinüber zur malerischen Burg, die Kinder und Eltern gleichermaßen magisch anzieht. Für zwei Stunden fühlen wir uns dann als Burgherren oder als vornehme Burgfamilie.

Weitere Türen öffnen sich. Wir sitzen abends am Fluss und packen den Picknickkorb aus. Wir kommen durchgeschwitzt und erschöpft an der Berghütte an. Wir sitzen am Lagerfeuer und singen mit. Wir speisen vornehm und danken hinterher dem Koch persönlich. Wir liegen auf einer Wiese und blicken in den Himmel.

Was für wunderbare Urlaube, was für schöne Erinnerungen! Glücklich und dankbar sitze ich immer noch in meiner Ecke und hänge den Erinnerungen nach.

Plötzlich stehe ich auf. Draußen scheint die Sonne, das Leben wartet auf mich. Es ist Zeit, dass neue Erinnerungen geboren werden …

76. Vertrauen

Ich bin zutiefst dankbar, dass ich meinen Mitmenschen vertrauen kann. Ein Leben ohne Vertrauen wäre für mich wie eine Welt ohne Licht und Blumen, ohne Kinder und Sterne. Ohne Vertrauen könnte ich nicht leben.

Sie kennen das Gefühl zu vertrauen auch, hoffe ich. Die meisten Menschen kennen es, mehr oder weniger. Natürlich haben wir erlebt, dass unser Vertrauen enttäuscht wurde. Jeder Mensch hat das erlebt. Jemand hat sein Versprechen nicht gehalten. Jemand hat uns hintergangen und betrogen. Jemand hat ein Geheimnis, das wir ihm anvertraut haben, verraten. Jemand hat uns im Stich gelassen. Jemand hat uns benutzt. Unsere Seele war und ist verletzt, aber hoffentlich nicht verbittert. Zum Glück können wir trotzdem vertrauen.

Sicher, wir sind vorsichtiger geworden. Wir vertrauen nicht blind. Wir sind nicht mehr so naiv wie früher. Aber wir gehen immer wieder das Wagnis ein zu vertrauen. Ein Wagnis? Ja, es ist und bleibt für immer ein Wagnis. Und es ist immer auch ein Geschenk: Wir schenken jemandem unser Vertrauen, ohne mit letzter Sicherheit zu wissen, was wir dafür zurückbekommen.

Was für ein Glück, wenn wir eine Familie haben, in der wir allen vertrauen können – Eltern und Kindern, Geschwistern und dem Partner, der Partnerin!

Was für ein Glück, Freunde zu haben, bei denen unsere Geheimnisse gut aufgehoben sind und die da sind, wenn wir sie brauchen! Was wäre ein Leben ohne gute Freunde?

Was für ein Glück, uns auf Handwerker verlassen zu können! Wir geben ihnen unsere Wohnungsschlüssel zu treuen Händen. Wir vertrauen darauf, dass ihre Rechnungen angemessen sind. Wir trauen ihrem Können und Geschick.

Was für ein Glück, dass wir der Busfahrerin von Linie 117 vertrauen können! Sie wird wie immer alles dafür tun, dass wir sicher ans Ziel gelangen.

Was für ein Glück, dass wir der Lehrerin unseres Kindes vertrauen können, dem Arzt und der Polizistin, der freundlichen Nachbarin und dem Paketboten! Was für ein Glück, wenn wir wieder und wieder erleben, dass unser Vertrauen nicht enttäuscht wird!

Was für ein Glück, wenn wir dem Leben vertrauen können und dem, der uns das Leben schenkt und der es erhält! Was für ein Glück, wenn wir darauf vertrauen, dass wir in Gottes Hand geborgen sind!

77. Siebenundsiebzigmal danke

Das ist jetzt also der letzte Text in diesem Buch. Vielleicht haben Sie beim Lesen der Texte häufiger Danke gesagt als früher. Vielleicht spüren Sie sogar, dass sich etwas in Ihrem Leben verändert hat.

Schon vorbei? Es war ein bunter Strauß voller Dankbarkeit und Lebensfreude – und die gute Nachricht ist: Es blüht weiter.

Der letzte Text. Traurig? Nun, es könnte auch der erste Text sein auf einer wunderbaren Reise. Fangen Sie einfach wieder von vorne an, und lassen Sie die Dankbarkeit frei, weil das Leben blüht und kostbar ist. Vielleicht wollen Sie das Buch gern rückwärts lesen, von hinten nach vorn. Oder Sie schlagen es jeden Tag einmal nach dem »Zufallsprinzip« auf.

Seit etlichen Jahren schon gehe ich den Weg der Dankbarkeit und lasse mich dabei vom Leben begeistern. Manchmal erkenne ich mich selbst kaum wieder, so sehr verändert dieser Weg meinen Blick auf das bunte Leben.

Mit offenen Augen und offenem Herzen achte ich seitdem darauf, wo mir unterwegs dankbare Menschen begegnen. Übrigens: Je mehr ich darauf achte, umso mehr entdecke ich. Das sind oft kostbare Begegnungen. Versuchen Sie es gern auch einmal.

In den Gesprächen mit solchen wunderbaren Menschen habe ich viel über sie erfahren:

- Dankbare Menschen sind meistens daran zu erkennen, dass sie gern und großzügig teilen.
- Dankbare Menschen können wunderbar staunen – über den nächtlichen Sternenhimmel, eine bunte Blumenwiese oder über einen der vielen Engel in menschlicher Verkleidung.
- Dankbare Menschen gehen ihren Weg meistens mit ganz viel Freude und Leichtigkeit. Sie gehen? Das stimmt nicht ganz – manchmal tanzen sie.
- Dankbare Menschen lieben das Leben und verschenken gern bunte Sträuße voller Lebensfreude und guten Wünschen.
- Dankbare Menschen sehen positive Dinge, die andere oft übersehen. Vielleicht hat ja die Dankbarkeit ihren Blick für das Gute und Schöne im Leben geschärft.
- Für dankbare Menschen gibt es nur wenig Schwierigkeiten und Probleme, dafür aber viele interessante Herausforderungen.
- Dankbare Menschen genießen das Leben – erst recht, wenn es regnet oder stürmt.

Zum Schluss noch ein herzliches Dankeschön von mir dafür, dass Sie mich siebenundsiebzigmal auf dem Weg der Dankbarkeit begleitet haben. Es hat Spaß gemacht.

Über den Autor

Rainer Haak wurde in Hamburg geboren. Nach dem Theologiestudium und einigen Semestern Medizin war er u. a. als Jugendpfarrer für über 80 Gemeinden aktiv. Seit 1990 ist er hauptberuflich als freier Schriftsteller tätig. Die Gesamtauflage seiner Bücher liegt bei über neun Millionen Exemplaren.

www.rainerhaak.de

Quellenverzeichnis

Abdruck der Texte 43 und 67 mit freundlicher
Genehmigung von ABAKUS Musik.

Bildnachweis

Fotos: Shutterstock: S. 11 Aurelian Nedelcu/ S. 18 Dark Moon
Pictures/ S. 32, 149 iravgustin/ S. 47 girl-think-position/ S. 60
frankies/ S. 79 Vitalii Bashkatov/ S. 91 dwphotos/ S. 105
Seqoya/ S.117 LedyX/ S. 122 Ondrej Prosicky/ S. 162
Subbotina Anna/ S. 179 Matt Gibson/ S. 188 KarenHBlack

Originalausgabe August 2018
© 2018 bene! Verlag
Ein Imprint der Verlagsgruppe
Droemer Knaur GmbH & Co. KG, München
Alle Rechte vorbehalten. Das Werk darf – auch teilweise – nur mit
Genehmigung des Verlags wiedergegeben werden.
Redaktion: Uwe Birnstein
Satz & Gestaltung: Maike Michel
Coverabbildung: Shutterstock/slim
Druck und Bindung: CPI books GmbH, Leck
ISBN 978-3-96340-016-2

4   5   3